치앙마이
반할지도

치앙마이 반할지도

최상희 · 최민 지음

해변에서랄라

prologue

여행 전에 치앙마이에 대해 알고 있던 것.
일 년 내내 뜨거운 태양이 이글거린다.
좋아하는 쏨땀과 수박주스를 원없이 먹을 수 있다. 그것도 말도 안 되는 저렴한 가격에. 커피가 맛있고 멋진 카페가 많은 곳, 그리고 잔잔하고 아름다웠던 영화 <수영장>의 무대인 호시하나 빌리지가 있다는 것 정도였다.

이토록 엉성한 정보가 전부였지만 내 여행이 언제나 그랬듯, 대책 없이 가보기로 했다.
무언지 모르지만 가보고 싶다는 마음, 그것 한 가지로.
사실 여행은 그렇게 시작되는 것이다.
대체로 명확한 이유나 목적이 없어야 사람은 떠날 수 있다. 여행이란 행위 자체가 일상에서 살짝 벗어나는 것이기 때문이다.

치앙마이는 파리나 로마처럼 화려하고 낭만적인 도시는 아니다. 북유럽처럼 세련된 곳도 아니고 하와이처럼 아름다운 바다를 낀 휴양지도 아니다. 방콕에 비하면 수수하고 덤덤한 곳이다. 숨이 턱에 차게 찾아가야할 유명 관광지도, 으리으리한 쇼핑몰도 없다. 출발지와 도착지를 빠르고 명쾌하게 이어주는 교통수단도 없다. 소리 높여 행선지를 외쳐 붉은 썽태우를 세우는 고풍스러운 방법으로 움직이는 도시다. 출발지와 목적지 사이의 연결이 느긋하고 어딘가와 어딘가 사이의 구분이 희박하여 마치 꿈속인 듯 느껴지지만 어느 때보다 맑은 머리로 세상이 투명하게 보이는, 서둘러 가야 할 별다른 이유도 없이 애초에 뚜렷한 목적지도 없었던 것처럼 모호한 동기와 희박한 목적으로 아무것도 하지 않아도 되는 시간들을 여행하는 것. 그것이 치앙마이인 지도 모른다.

그렇다고 아무것도 안 한 건 아니다.

우리가 치앙마이에서 한 것.

새벽시장에서 아침거리 사기.
작은 빵집에서 갓 구운 빵과 커피로 아침 먹기.
나무 그늘 아래서 낮잠 자기. 낮잠 자다 일어나 햇살에 빛나는 수영장 바라보기. 얼음 띄운 맥주 한 잔. 노란 줄무늬 고양이를 안고 한 시간 동안 쓰다듬기. 어슬렁거리며 저녁거리 사러 나가기. 돌아오는 길에 내 주위를 떠돌던 나른한 햇살과 공기 속에서 나던 희미한 이국의 향취.
밤하늘 올려다보기. 그때 내 머리 위로 무수히 빛나던 별들.
치앙마이를 생각하면 그런 순간들이 떠오른다. 느리게 흘러가던 시간과 그 사이의 서늘한 틈들. 뜨거운 햇살 속에서도 그것을 느꼈다. 그런 생각을 하면 내 안으로 부드러운 바람이 관통하는 것 같다.
참으로 시시한 것들이 좋았다. 시시한 것들을 하며 흘러가는 시간들이 좋았다. 내 하루하루에는 좀처럼 없는 빛나는 한때. 치앙마이의 나날들.

그렇게 당신도 좋아하게 됐으면 좋겠다, 치앙마이를.

목적지만 있는 목적 없는 여행을 떠난다.
쏨땀과 수박주스를 실컷 먹겠다는 야무진 계획 하나는 있으니.
틈 사이로 바람이 조금 불어들면 그것으로 족하다.
그렇게 떠난다.

Contents

prologue 04
intro 10

첫 번째 여행_ 호시하나 빌리지

22 서른여덟 개의 창문을 여는 아침 호시하나 빌리지
32 아직 소중한 마음이 있어 반롬사이
34 오늘의 수확 항동 시장
38 좋았던 풍경을 그리워한다 그랜드 캐니언
40 그랜드 캐니언보다 코코넛아이스크림
41 옌 아줌마의 구멍가게
42 천사의 차를 타고, 산 위의 카페 푸핀 도이
44 별은 빛나고 있어 푸핀 테라스
46 이보다 더 잘 어울리는 곳은 없어 호피폴라
48 숲속 아침의 빵집 나나 정글

두 번째 여행_ 올드 시티

58 저 아래, 아득하고 아름다운 도이수텝
60 낯선 곳에서의 아침 더심플리룸치앙마이 빈티지호텔
62 여행자의 아침 산책 치앙마이 게이트 시장
64 할아버지의 빙수
66 단순하고 명료한 기쁨
67 바나나 모양을 한 취향
69 여학생, 승려 혹은 코끼리 왓쩨디루앙
70 나무의 사원 왓판따오
71 푸른 그늘 아래 초록 잠 왓프라싱
72 릴리와디의 사원 왓치앙만
73 코끼리의 산책 왓람창
74 여행의 틈 꾼깨 주스 바
75 건강한 한 끼 팜 스토리 하우스
76 모든 것이 좋았다 그라프 카페

78 잃어버린 별의 커피, 화성의 디저트 게이트웨이 커피 로스터
80 다정한 아침 반 베이커리
82 조용한 위로의 치즈케이크 파야카 케이크하우스
84 그 날의 온도, 커피의 기분 아르테 카페
85 책은 여행한다 게코북스
86 다시 머물고 싶은 작은 방 치앙만 레지던스
90 마음 속 이정표 타패 게이트
92 밤의 여행자들, 마술의 시장 선데이 마켓
94 숯불구이 달인의 집 렁롯
95 세 그릇은 먹을 수 있는 맛 블루 누들 숍
96 정통 란나의 맛 호언펜
97 망고망고한 밥 마나 스티키 라이스
96 학교 앞 분식집 탄야
98 귀여운 바구니 가게 반 오라푼
100 뭔가 채워야 한다면, 숲 편 포레스트 카페
102 아침마다 스님 뷰 스리 시스 베드 & 블랙퍼스트
104 산지 직송의 햇살 징자이 마켓

small trip 01_ 한나절 핑강 유역 여행

110 숲과 빵의 위로 포레스트 베이크
112 다정한 찻집 카지
114 황홀하였다 우 카페
116 오후의 티타임 비앵줌온 티하우스
118 고요히 흐르는 시간의 조각들 리버스앤로즈
119 상냥한 파스타 베어풋 카페
120 도시와 친해지는 법 와로롯 시장
122 국왕의 꽃, 공주의 커피 와위 커피
123 공룡 모양의 기쁨 빠떵꼬 꼬 냥
126 느리게 흘러가는 시간 더 바리스트로 앳 핑 리버

세 번째 여행_반캉왓

134 창가에 걸터앉은 기쁨 이너프 포 라이프
138 천천히, 그리고 함께 누린다 반캉왓
140 햇살은 오래 그곳에 남아 이너프 포 라이프 숍
142 반가워요, 하루키 씨 마하사뭇 라이브러리
144 일요일 아침의 시장 반캉왓 모닝 마켓
148 하루를 보내는 법 이너프 포 라이프 빌리지
152 반짝이는 기억의 조각들 이너프 포 라이프 숍
154 이상하리만치 No.39 카페
156 바람과 빛, 쌍둥이 조카 페이퍼 스푼
160 아름다운 동굴의 사원 왓우몽
161 고요한 미모사 향기 아래 왓람쁭
162 달과 가까운 곳 이시마 카페
164 동네 최고의 국수가게 빠이파 국수
166 창밖은 아무도 보지 못한 숲 캣 냅 홈스테이
172 엄마의 옷, 고양이와 집 지버리시
176 아름답고 행복해지는 미나 라이스 베이스드 퀴진

small trip 02 _ 한나절 매림 여행
180 구름 위의 점심 몬쨈
182 남국의 온실 더 아이언우드
184 바람이 드나들던 자리 통마스튜디오
188 물 위의 점심 훼이팅타오 호수

네 번째 여행 _ 님만해민

196 마담 미아의 비밀찻집 카페 드 미아
200 아침을 기다리는 시간 꼬프악 꼬담
202 여행자의 공간 아르텔 님만 호텔
204 빵모닝 플라워 플라워 슬라이스
206 앨리스의 이상하고 아름다운 다과회 동마담
212 유리로 만든 집 반 이터리 카페

214 자유로운 영혼들의 휴식처 갤러리 시스케이프
216 도시를 읽는다 북 스미스
217 우리의 여행 같은 란 라오
218 포토제닉한 카페 더 바리스트로
220 기분 좋은 하룻밤 더 크래프트 님만 호텔
222 간판 없는 까이양집 위치엔부리
224 연기의 유혹 뗑
226 태국 엄마의 손맛 쏨땀 쏠라오
228 오래된 국수 가게 퀴티아오 탐룽
230 터프한 국수 한 그릇 느어뚠 롯이얌
231 라떼 챔피언의 커피 리스트레토
232 부드럽게 퍼지는 행복 구 퓨전 로띠&티
233 밀가루와 달걀, 마법의 우유 한 스푼 몬놈솟 토스트
234 도심 속 작은 휴식 싱크 파크
235 백화점 옆 야시장 마야 쇼핑몰
236 밤의 고양이, 테니스코트의 소녀 플레이웍스
238 낯선 곳에서의 친절은 베드 님만 호텔
240 조용히 가슴이 뛰는 순간 치앙마이 대학교
244 클로티드 크림과 딸기잼의 아침 로열 프로젝트 숍
246 볕 좋은 시장
248 타임 슬립의 여행 란나 트래디셔널 하우스 뮤지엄
250 여름 나라의 펭귄 펭귄 게토
252 숲과 시간의 커피 아카아마 산티탐점
253 푸근한 할머니의 손맛 앤트 아오이 키친
254 여행하는 시장 타닌 시장

256 여행지의 추억을 담은 선물

258 special tips 치앙마이 여행법
날씨, 항공, 교통, 공항에서 시내 가기, 음식과 숙소, 쇼핑 정보

공항 문을 나서자 훅, 하고 열기가 밀려든다. 겨울의 오후에 떠나 여름의 밤에 도착한 우리는 시차와 온도와 낯선 언어와 익숙지 않은 화폐에 얼떨떨한 채로 썽태우를 잡아타고 숙소로 향한다. 밤공기 속에서 낯선 이국의 향이 희미하게 난다. 거리의 야시장이 불을 밝히고 있다. 시작되는 여행에 대한 기대로 조금 설레기 시작한다.

이상하리만치 날이 늘 좋았다. 뜨거운 햇살은 서늘한 그늘을 만들었고 그 사이를 우리는 구분 없이 드나들었다. 일상과 여행, 활기와 적요, 설렘과 전에 없던 충족감, 어느 순간 찾아드는 말갛고 투명한 기쁨.

치앙마이는 수도 방콕에 이은 태국 제 2의 도시, 옛 란나 왕국의 수도였다. 란나Lanna는 '수백만 평의 논'이란 뜻이다. 이름 그대로 란나 왕국은 높은 산과 울창한 숲, 아름다운 강과 비옥한 토양으로 둘러싸여 있는 곳이었다. 이러한 자연 환경 때문에 란나 왕국은 버마, 캄보디아, 라오스 등 주변국의 잦은 침략을 받아왔다. 이 과정에서 문화와 예술, 음식을 비롯한 생활 방식 전반에 서로 영향을 주고받았으며 문화적인 접목과 수용에 유연한 태국의 특성이 더해 독창적인 '란나 스타일'이 형성된다. 란나 스타일은 '다문화적 아름다움'이라고 불리기도 한다. 이 란나 스타일이 현재까지 이어져 뭐라 말할 수 없는 독특한 이미지의 치앙마이를 빚어냈다. 예술과 자연이 하나 되는 삶, 전통이 오롯이 남아 있으면서도 도시 전체에 퍼져있는 세련되고 유쾌한 감각과 감성, 여행자들마저 거리의 한 풍경으로 자연스레 흡수되는 도시, 이 도시를 좋아하게 될 것이라 예감했다. 그것이 치앙마이의 첫인상이었고 다행히 이 첫인상은 변하지 않았다.

아름다운 사원과 매력적인 시장과 헌책방이 많았고 근사한 카페와 커피가 있었고 감동스러운 숍과 식당도 발견했다. 어디에나 부겐빌레아가 흐드러지게 피어 있었다. 툭툭, 잭프루트나무에서 노란 꽃이 떨어져 내렸다. 바닥에 하얗게 떨어진 릴리와디를 주워 머리맡에 두고 아침이면 희미한 향을 맡으며 잠을 깼다. 사람은 적고 식물이 자연스럽게 자라고 어느 곳이나 녹음이 우거져 청아했다.

새 우는 소리에 잠이 깨고 쭙쭙쭙 도마뱀 소리를 자장가 삼아 잠들었다. 거리의 고양이와 개들마저 아무런 위협이나 위험도 느끼지 않고 태평하게 살고 있었다. 무위의 나날이었다.

무엇이 변한다거나 무엇을 얻는다거나 그런 건 잘 모르겠다. 단지 그리워질 것 같은 예감이 들 뿐.

첫 번째 여행

호시하나 빌리지

빛나는 별, 때때로 고양이

호시하나 빌리지는 구시가에서 차로 40여 분 걸리는 한적한 마을, 항동에 있는 숙소다. 근처에는 최근 관광객들에게 각광받고 있는 그랜드 캐니언이 있고 작지만 활기찬 항동 시장, 여행서에는 나오지 않는 로컬 식당이 간판도 없이 드문드문 있다. 다행히 전망 좋은 카페는 하나둘쯤 있다. 있는 것보다는 없는 게 많다. 부근에는 인가도 드물고 편의점은 물론 변변한 가게도 없으며 가로등도 없고 교통은 불편하기 짝이 없다. 도시에서 쉽고 당연하게 누리는 편의와 동떨어져 있고 거창한 즐거움이나 흥분과도 거리가 멀다. 알람 대신 새소리에 눈을 뜨고 문틈으로 스며든 햇살과 나무를 가만히 일렁이고 지나가는 바람을 느끼고 고양이의 느긋한 걸음에 속도를 맞추고 밤이면 하늘의 별을 올려다보는, 아무것도 아닌 일들만이 그곳, 호시하나에 있다. 그런데도 치앙마이를 생각하면 호시하나 빌리지에 머물던 호젓한 시간이 가장 먼저 떠오른다.

map

① 나나 정글
② 호피폴라
③ 그랜드 캐니언
④ 코코넛아이스크림
⑤ 호시하나 빌리지
⑥ 반롬사이
⑦ 푸핀 테라스
⑧ 푸핀 도이
⑨ 옌 아줌마의 구멍가게
⑩ 항동 시장

서른여덟 개의 창문을 여는 아침

사흘을 머문 그곳을 우리는 집이라고 불렀다.

생각하면 마음속 한구석이 따스해지는 기분이 드는 곳, 해가 지면 돌아가고 싶어지는 그리운 곳을 우리는 집이라고 부를 수 있지 않을까. 호시하나 빌리지에서 보낸 나날은 꼭 그런 기분이었다. 고단한 일상을 마치고 집으로 돌아간 느낌.

우리를 치앙마이로 이끈 건 한 장의 영화 포스터였다.

푸른색 바닥에 찰랑찰랑 물이 차있는 수영장. 주변에는 부겐빌레아 꽃이 만발해 있었다. <수영장>이라는 간결한 제목의 영화였다. 영화는 잔잔하다. 시장에서 산 간소한 재료들로 밥을 짓고 그것을 가족과 가족 비슷한 사람들과 나누어 먹고 연한 카레색 고양이가 가끔 찾아오고 수영장에 모두 둘러앉아 누군가는 기타를 치고 누군가는 듣고 누군가는 수영장의 푸른 물을 바라본다. 지켜보면서 조금씩 치유되는 기분이었다. 영화 속 주인공들도, 그것을 바라보는 나도. 그곳에 가보고 싶었다. 상처와 슬픔과 두려움은 조용히 잦아들고 외로움이 어딘가의 방향으로 조금씩조금씩 천천히 나아가던 무언가의 흐름 속으로. 영화의 무대가 바로 호시하나 빌리지였다.

수영장에서 청량한 염소의 냄새가 났고 날씨는 기가 막히게 좋았다. 푸른 물이 투명하게 반짝였다. 크림색 릴리와디 꽃잎이 바람에 고요히 떨어져 내린다.

호시하나 빌리지에는 나무와 흙으로 지은 몇 채의 숙소가 있다. 각 건물에 한 팀만 묵을 수 있는 숙소들은 각각 나무울타리와 무성한 나무 뒤로 살짝 숨어 있다. 도심에서 뚝 떨어져 인근한 집도 드문 이곳을 채우는 건 초록 숲과 새소리다. 가만히 정원을 거니는 것만으로, 수영장의 선베드에 누워있는 것만으로, 서늘한 마루 위에서 책을 읽는 것만으로, 종종 찾아오는 고양이와 낮잠을 자는 것만으로, 자전거를 타고 주변을 돌아보는 것만으로도 더없이 충만하다. 여행의 계획이나 조언 같은 건 잠시 잊는다. 배가 고프면 시장에서 사온 찰밥을 데우고 쏨땀을 접시에 담는다. 냉장고에는 차갑게 식혀둔 맥주도 몇 병 있다.

아침은 서른여덟 개의 창문을 여는 것으로 시작된다.
시장에서 산 빵과 과일로 조식을 차린다. 오랜만에 집중하여 내린 커피에는
여행지의 공기와 습도가 녹아있다.

미리 예약해둔 저녁식사는 황송하게도 숙소까지 배달되었다. 메뉴는 레몬 그라스로 향을 낸 치킨커리와 돼지고기볶음을 올린 밥. 건강한 재료로 요리된 음식은 어느 것이나 충실한 맛이 난다. 저녁을 먹는 동안 어둠이 내렸다. 여름의 시골 냄새가 났다. 어딘지 그리운 냄새다.

야외 테이블 위에 단정하게 아침이 차려져 있다. 따뜻한 죽과 달걀, 빵과 과일. 그리고 진한 커피. 화려하진 않지만 하루의 시작을 기분 좋게 만드는 음식이 있는 아침. 천천히 아침을 먹는다.

호시하나 빌리지
Hoshihana
Village

WAY 구시가에서 차로 40여 분 거리
ADD 211 Moo 3 T.Namprae, A.Hangdong
TEL 063-158-4126
WEB hoshihana-village.org

아무것도 하지 않는 날들이 흘러간다. 소용되는 일이라고는 거의 하지 않는다. 일상을 살다 온 여행자는 그것이 낯설지만 어느 순간 깨닫게 된다. 바로 그것이 꿈꿔오던 여행의 순간임을.

아직 소중한 마음이 있어

호시하나 빌리지와 야트막한 나무 울타리를 맞대는 곳에 반롬사이가 있다.
반롬사이는 태국어로 반얀트리란 뜻으로, 아늑한 그늘을 드리우는 반얀트리처럼 아이들을 보듬겠다는 의미가 담겨있다. 이곳에서는 에이즈로 부모를 잃고 모자감염으로 HIV바이러스를 보유하고 있는 아이들이 선생님과 자원봉사자들과 함께 생활하며 자립을 준비한다. 아이들은 성인이 되어 반롬사이를 나간 후에도 평생 약을 제공받는다. 호시하나 빌리지의 숙박비는 이 반롬사이를 운영하는데 쓰인다.

호시하나 빌리지의 숙소는 기부로 지어지기 시작했다. '클레이 하우스'는 한 남자가 일 년간 머물며 혼자 힘으로 지어올린 흙집이고, '이치가와 코티지'는 이치가와 씨의 기부로 세워졌다. 영화에서 주인공이 머물던 스이카 코티지 역시 마찬가지다. 소중한 마음들이 하나둘 모여 오늘의 호시하나 빌리지와 반롬사이가 완성되었다. 호시하나 빌리지의 수영장도 아이들의 건강을 위해 만들어진 것이었다.

반롬사이의 마당 한쪽에는 디자이너 조르지오 아르마니의 기부로 세워진 숍이 있다. 숍에서는 아이들의 그림으로 제작한 엽서나 태국의 소수민족 여성들이 베틀로 짠 천으로 만든 옷, 머플러, 가방 등을 판매한다. 그것들이 너무 고와 한참을 구경하고 있다 보니 반롬사이를 졸업한 아이가 경찰 제복을 입고 찾아와 직원들과 반갑게 인사를 나누었다.

반롬사이
Ban
Rom Sai

WAY 구시가에서 차로 40여 분 거리
ADD 211 Moo 3 T.Namprae, A.Hangdong
TEL 098-779-3971
OPEN 9:00~17:00
WEB hoshihana-village.org

오늘의 수확

항동 시장
Hang
Dong
Market

영화 <수영장>에 등장했던 귀여운 썽태우 푸르POOL호를 타고 항동 시장에 간다. 10여 분 정도 시골 길을 달려 도착한 시장은 작지만 없는 것 없고 활기 넘치는 곳. 호시하나 빌리지의 매니저가 한 장의 지도를 나눠준다. 소문난 통닭집과 최고의 쏨땀 가게와 끝내주는 바나나튀김집 등이 표시된 보물 지도다. 우리는 신나게 보물찾기에 나섰다.

함께 썽태우를 타고 간 일본인이 우리를 보고 "잇빠이데스네(잔뜩 샀네요)~." 하고 말해서 조금 부끄러워졌다. 우리는 사실 국수도 한 그릇씩 먹었어요. 쇼핑 비용은 만 원 남짓. 두 손이 모자라게 장바구니가 푸짐하다. 게다가 치앙마이 최고의 쏨땀을 두 접시나 샀다. 우리는 호사스러운 저녁식사와 든든한 아침식사를 할 것이다. 사이사이 망고도 실컷 먹을 작정이다!

WAY 호시하나 빌리지에서 매일 11:45 분에 출발하는 POOL 호를 타고 다녀올 수 있다 (하루 전 신청 · 일인당 50 밧 요금 별도). 창푸악에서 항동 시장까지 노란 썽태우가 운행한다.
ADD Tambon Hang Dong
OPEN 6:00~18:00

한 시간 만에 우리가 산 것들

땡모반(수박주스)과 망고주스
모닝글로리덮밥과 돼지고기덮밥
코코넛커리와 찹쌀밥
쏨땀 두 접시
망고 1킬로그램
귤 1킬로그램
바나나튀김
빵과 음료수
그리고 맥주

좋았던 풍경을 그리워한다

호시하나 빌리지에서 부겐빌레아가 가득 핀 길을 따라 걷다 보면 난데없는 풍광과 만나게 된다. 깎아지른 절벽과 그 아래 담겨 있는 푸른 물. 토양 채취를 하던 곳에 물이 고여 협곡이 됐다는 이곳을 주민들은 '그랜드 캐니언'이라고 불렀다. 붉은 암석 절벽 아래로 옥색 물이 고여 있는 고요한 풍경이 좋았다. 간혹 담대함을 과시하려는 청년이 절벽 끝에 올라가 푸른 물을 향해 뛰어들었다. 하얗게 물보라가 튀어 올랐다 이내 잔잔해졌다. 수면 위로 잔물결이 부드러운 원을 그리며 퍼져 나갔다. 아주 고요히. 그런 풍경을 보는 게 좋았다. 그런데 다시 찾은 그랜드 캐니언은 완전히 달라져 있었다. '그랜드 캐니언'이라는 큼직한 팻말이 걸려있고 한쪽에는 워터파크까지 조성되어 쿵쿵거리는 음악 소리가 요란했다. 멀찍이서 푸른 물을 잠시 바라보다 발걸음을 돌렸다.

그랜드 캐니언 Grand Canyon	WAY	구시가에서 차로 30여 분 소요. 타패 게이트 맥도날드 앞 (12:50) 과 님만해민 Art mai hotel Nimman soi 3(13:05) 에서 출발해 그랜드 캐니언에서 16시에 돌아오는 왕복 셔틀을 운영한다 (1 인당 200 바트, 입상료 별도).
	ADD	244 Nam Phrae, Hang Dong
	TEL	090-893-9858
	OPEN	9:00~18:00
	FEE	50바트, 워터파크 입장료는 550바트

그랜드 캐니언보다 코코넛아이스크림

안찬 누들, 슬라이스 아몬드, 레인보우, 망고스틴, 초콜릿시럽……. 수많은 토핑 중 우리의 단호한 선택은 망고, 오직 망고. 재밌는 애들일세, 하는 얼굴로 주인아저씨가 코코넛 속을 사각사각 파내기 시작한다. 껍데기만 먹게 되는 건가 낙심한 순간 아저씨가 코코넛아이스크림을 한 스푼 듬뿍 떠서 담더니 그 위에 살뜰히 긁어낸 코코넛 과육을 올려준다. 우리의 선택, 망고 토핑은 화룡점정. 그랜드 캐니언을 뒤에 두고 평상에 앉아 코코넛아이스크림을 먹는다. 사르르 입에서 녹았다. 한 개 더 먹었습니다.

옌 아줌마의 구멍가게

주위에 24시간 배달 가능 야식점은 물론 편의점 하나 없는 호시하나 빌리지에도 우리에겐 믿는 구석이 하나 있었다. 옌 아줌마의 가게. 외관은 허술해 보이지만 맥주와 과자, 문구류, 간단한 반찬거리와 속옷에 빈티지 원피스까지 없는 게 없는 놀라운 가게다. 가게 앞에서 아이스크림을 핥으며 문득 생각한다. 일상으로부터 나는 얼마나 멀리 왔는가. 그 거리는 가늠할 수 없다. 그저 이 순간이 조금 꿈같을 뿐. 차가운 맥주병을 안고 숙소로 돌아간다. 찰랑찰랑, 맥주가 기분 좋게 출렁인다.

천사의 차를 타고, 산 위의 카페

푸핀 도이
Phufinn
Doi

헨젤과 그레텔의 빵 조각처럼 드문드문 보이던 카페를 가리키는 표지판도 더 이상 보이지 않아 갈팡질팡하던 찰나, 하얀 자동차가 옆에 멈춰 섰다. 차창이 스르륵 열리고 "태워 줄게요." 하는 천사의 목소리가 들렸다. 냉큼 올라타고 싶은 마음과 천사가 우리에게 그리 쉽게 나타날 리 없잖아 하는 생각으로 갈등했지만 그녀는 서글서글한 눈매를 한 진짜 천사였다. 이런 곳에 카페가 있군요, 하고 우리를 내려준 천사는 다정한 미소를 지으며 빠이빠이를 해주고 떠났다.

호시하나 빌리지에서 걸어서 20여 분 거리, 산 위에 있는 푸핀 도이 카페는 다양한 음료와 근사한 디저트와 함께 파스타와 샐러드, 태국식 커리 등의 간단한 식사 메뉴를 낸다. 어느 것이나 맛좋았지만 이곳의 베스트 메뉴는 역시 끝내주는 전망이다. 내려다보니 누군가 말을 타고 카페 마당으로 들어서고 있었다.

W A Y   구시가에서 차로 40 분 거리
A D D   Nam Phrae, Hang Dong
T E L   092-959-0399
O P E N   8:30~18:00
W E B   facebook.com/phufinn

별은 빛나고 있어

푸핀 테라스 '푸핀 도이' 아래에는 푸핀의 또 다른 카페 '푸핀 테라스'
Phufinn 가 있다. 테라스에서 보이는 전망과 마당의 근사한 헛간에 반
Terrace 해(네, 헛간에 반하는 취향입니다) 호시하나 빌리지에 머무는
동안 아지트 삼아 여러 번 들렀다. 음료와 디저트는 플레이팅
마저 훌륭했고, 이렇게 분위기 좋은 카페에서 내는 음식이 설
마 맛까지 좋을까 하고 별 기대 안했던 태국 요리가 의외로 엄
청 맛있기도 했다.

푹신한 쿠션에 몸을 맡기고 아이스라떼를 쪽쪽 빨며 한껏 게으
르게 앉아본다. 초록 숲 너머 멀리 레고 마을 같은 풍경이 내려
다보인다. 시야를 가리는 것은 없고 사람은 적고 조용한 음악이
흐르고 이따금 느긋한 바람이 불어온다. 푸른색이 차차 옅어지
는 하늘에 연한 보라색이 깃들더니 한 순간 어둑해진다. 그러자
반짝하고 마당 가득 노란 불이 켜진다. 그것을 신호로 허기를

느끼는 마법에 걸린 우리는 저녁을 주문한다. 물론 맥주도 시키는 마법에 걸렸으니 어쩔 수 없다. 조금 알딸딸해져서 아, 깜깜해, 하며 가로등 하나 없는 길을 걸어 숙소로 향한다. 완전한 어둠은 아니다. 하늘에 별이 무수히 빛나고 있었다.

```
W A Y   구시가에서 차로 40 분 거리
A D D   Nam Phrae, Hang Dong
T E L   062-271-3699
O P E N  11:00~21:00
W E B   facebook.com/phufinn
```

이보다 더 잘 어울리는 곳은 없어

해가 지기 시작하자 거리는 온통 맛있는 냄새로 가득해진다. 산 아래 아늑하게 자리 잡은 하얀 상자 모양의 건물, 그 앞에 펼쳐진 야외 식탁. 어둠이 내리자 반딧불이 같은 불빛이 밝혀진다. 어마어마한 크기의 립이 테이블 위에 놓였다. 과식묘기단인 우리에게도 이건 무리야, 하는 탄식이 순식간에 감탄으로 바뀐다. 아, 세상에는 얼마나 맛있는 것이 많을까. 일단은 내 인생 최고의 바비큐 립을 최대한 음미하려는데 씹을 새도 없이 사르르 녹는다.

이런 곳에 식당을! 할 정도로 호피폴라는 도심에서 뚝 떨어져 있다. 바로 그 점 때문에 호피폴라의 사장은 땅을 싸게 구입해서 가게를 열 수 있었으나 역시 위치 탓인지 초반에는 손님이 좀처럼 들지 않아 폐업까지 고려했다고 한다. 하지만 이제는 입소문이 나 빈자리 하나 찾을 수 없을 정도. 예약은 필수다. 우리는 왕복 모두 택시를 이용했는데 숙소로 돌아올 때는 택시가 잘 잡히지 않아 마음을 좀 졸였다. 하지만 가보면 알게 된다. 호피폴라는 딱 좋은 곳에 위치하고 있다는 것을. 그보다 더 잘 어울리는 곳은 없다.

호피폴라

Hoppipolla

W A Y 구시가에서 차로 40 여 분 거리
A D D Tambon Nong Kwai, Amphoe Hang Dong
T E L 090-550-0045
O P E N 18:00~22:00
C L O S E 월요일
W E B facebook.com/hoppipollachiangmai

숲속 아침의 빵집

이른 아침, 공기에서 촉촉한 숲 냄새가 난다. 달콤한 냄새도 풍겨온다. 숲속 저 안쪽에 틀림없이 뭔가 좋은 것이 있을 듯한 예감. 토요일 아침 숲속에서 빵집이 열린다. 빵보다 먼저 온 사람들이 줄을 서서 기다리고 있다.

입구에서 받아든 번호표의 순서가 되어 빵을 고르기 시작한다. 수많은 빵집에 가봤으나 수련이 핀 연못 앞에 진열된 빵을 사는 건 처음이다. 최고 인기라는 크로와상을 비롯해 파이와 머핀 등, 이것저것 봉투에 담아 무료로 제공되는 커피 한 잔을 받아들고 빈자리를 찾아 앉는다. 숲속은 여유롭고 자리는 넉넉하다. 햇살과 빵을 한입에 베어 문다. 토요일 아침 숲의 맛이다.

나나 정글
Nana Jungle
Bakery
Market

WAY 님만해민에서 쎙태우나 우버택시로 20여 분 거리, 끼리타라 부티크 리조트 (Kireethara Boutique Resort) 에서 안쪽 숲 방향
ADD Tambon Chang Phueak, Amphoe Mueang
OPEN 토요일 8:00~ 빵이 다 팔릴 때까지
WEB www.nana-bakery-chiang-mai.com

두 번째 여행

올 드 시 티

사원과 시장, 그리고 서점의 나날

두 번째나 세 번째라면 몰라도 치앙마이가 처음인 여행자라면 올드 시티를 빼놓을 수 없다. 치앙마이를 대표하는 지역인 올드 시티, 구시가에는 아름다운 사원과 활기찬 시장과 다양한 숙소, 로컬 식당부터 힙한 카페까지 여행자가 원하는 모든 것이 자리 잡고 있다. 외부의 침입으로부터 도시를 보호하기 위해 만든 성벽과 해자는 지금도 그 경계를 통해 현재에서 과거로 시간 여행을 하는 느낌을 준다.

전통 란나 양식의 가옥이 남아있는 골목골목 그래피티가 그려진 담장을 따라 현지인들의 차분한 삶과 여행자들의 흥분이 교차한다. 그 속에는 건기의 먼지 냄새와 다가올 우기의 예감과 열대 과일 냄새와 이국적인 향신료와 허브 냄새와 부겐빌레아의 향과 코코넛 나무들이 드리운 그늘과 별 냄새와 별에 말라가는 빨래의 신선한 냄새가 섞여 아주 높은 밀도로 압축되어 붕붕 떠다녔다. 모자라지도 넘치지도 않았다. 단지 충만하였다.

잠시 집으로 삼은 숙소로 돌아오는 길은 필연적으로 타패 게이트를 지났다. 타패 게이트 근처 해자 위로 고요히 물이 흐르고 이따금 분수가 뿜어져 어느 날은 작은 무지개를 보기도 하고 저녁이면 작은 광장에서 잠시 쉬고 있는 현지인들과 여행자들 사이에 끼어 오렌지 색으로 물들어가는 풍경을 가만히 바라보기도 했다. 시간을 잊은 듯한 도시였다.

오래된 작은 도시는 목적 없이 걸어서 하루를 보낼 수 있다.

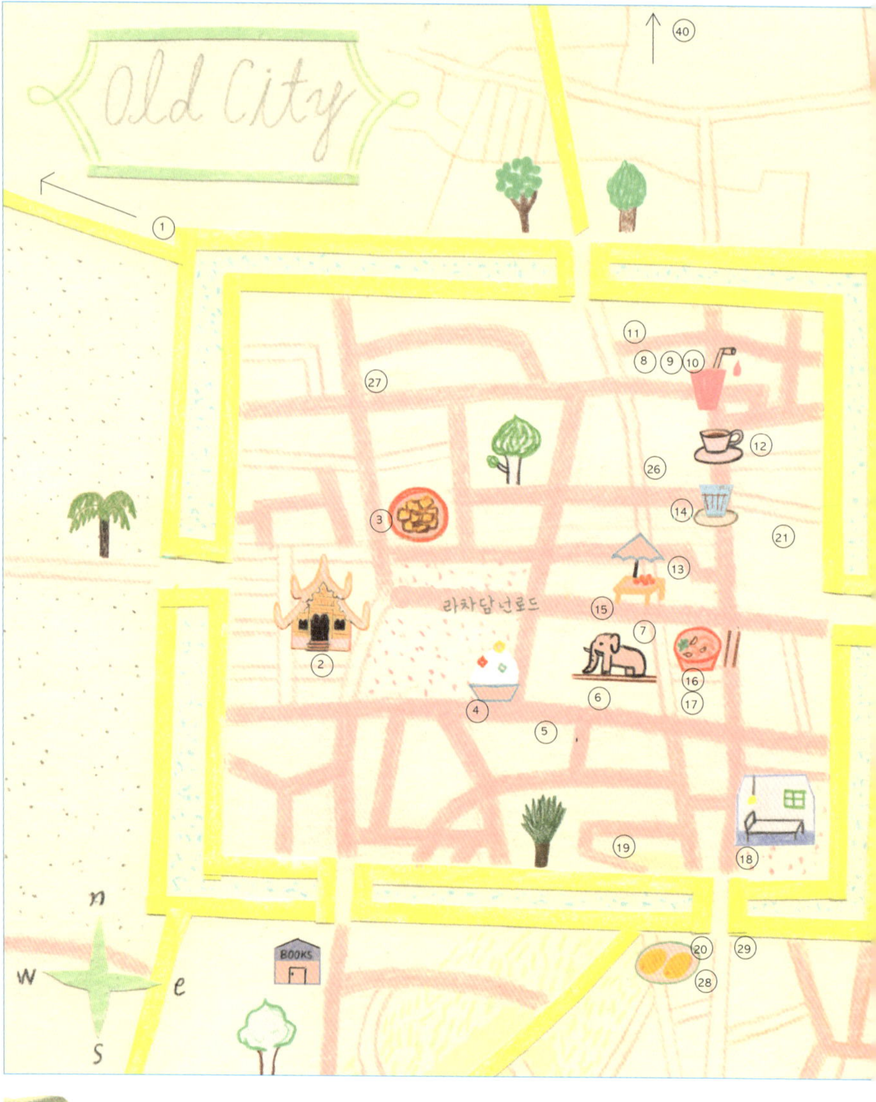

Old City

라차담넌로드

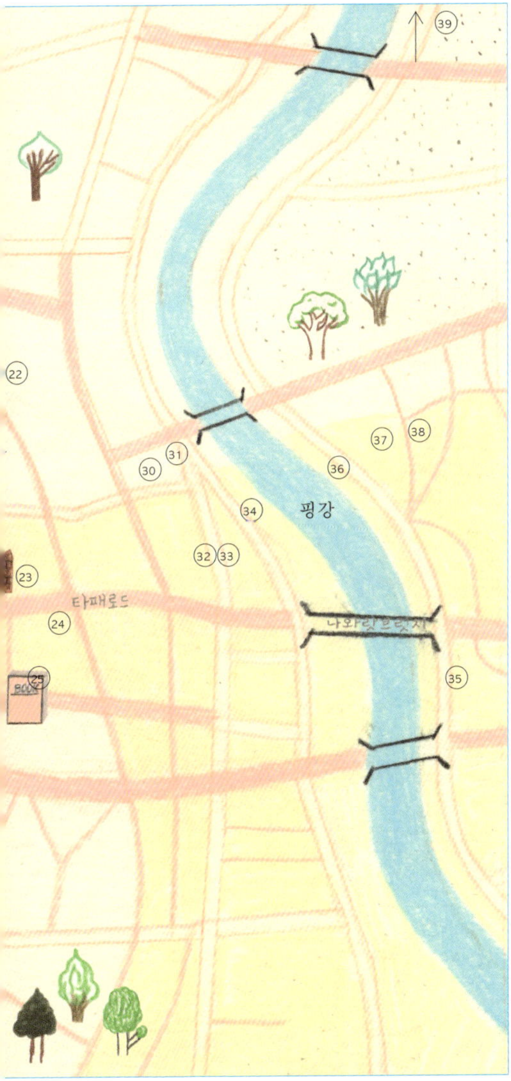

———————— map

① 도이수텝
② 왓프라싱
③ 바나나 튀김집
④ 할아버지의 빙수
⑤ 흐언펜
⑥ 왓쩨디루앙
⑦ 왓판따오
⑧ 왓치앙만
⑨ 왓람창
⑩ 꾼깨 주스 바
⑪ 치앙만 레지던스
⑫ 아르테 카페
⑬ 팜 스토리 하우스
⑭ 그라프 카페
⑮ 선데이마켓
⑯ 블루 누들 숍
⑰ 스리 시스 베드 & 블랙퍼스트
⑱ 더심플리룸 치앙마이 빈티지호텔
⑲ 치앙마이 게이트 시장
⑳ 치앙마이 게이트
㉑ 럿롯
㉒ 반 오라푼
㉓ 타패 게이트
㉔ 게이트웨이 커피 로스터
㉕ 게코북스
㉖ 마나 스티키 라이스
㉗ 펀 포레스트 카페
㉘ 반 베이커리
㉙ 파야카 케이크하우스
㉚ 와로롯 시장
㉛ 빠떵꼬 꼬 냉
㉜ 베어풋 카페
㉝ 리버스앤로즈
㉞ 와위 커피
㉟ 카지
㊱ 비앵줌온 티하우스
㊲ 우 카페
㊳ 포레스트 베이크
㊴ 더 바리스트로 앳 핑리버
㊵ 징자이 마켓

도이수텝
Doi
Suthep

WAY 도심에서 썽태우로 30여 분 거리. 지나가는 썽태우를 흥정해 탈 수도 있지만 창푸악 게이트, 치앙마이 대학교 후문에서 탑승객 열 명이 모이면 일인 당 50바트 정도의 요금으로 썽태우가 출발한다(왕복 100바트).
ADD Wat Phra That Doi Suthep Rd. Srivijaya Suthep
TEL 053-295-002
OPEN 6:00~18:00
FEE 30바트(엘리베이터 이용시 별도 왕복 20바트)

저 아래, 아득하고 아름다운

모두들 간다고 하니 가보았다, 도이수텝.
대관령 고개 저리 가라 할 정도로 굽이도는 산길을 달린 지 30여 분 만에 멀미로 하얗게 질린 얼굴로 비틀거리며 썽태우에서 내리자 숨 돌릴 새도 없이 공격해오는 드래곤. 300여 개의 계단을 오른 뒤 평소 숨만 겨우 쉬고 사는 저질 체력은 치앙마이를 대표하는 황금빛 사원 구경 같은 건 아이구야, 다 그만 두고 그늘에서 자고 있는 멍멍이 옆에 눕고 싶은 마음만 간절했다.
'도이(Doi)'는 산이라는 뜻으로, '왓프라탓 도이수텝'은 성스러운 산으로 여겨지는 수텝산 해발 1,000m 위치에 1383년에 지어졌다. '왓프라탓'은 부처의 사리가 안치되었다는 뜻. 란나 왕조 시절 부처의 사리를 운반하던 흰 코끼리가 수텝산까지 올라 탑을 세 바퀴 돌고 쓰러져 죽었다는 전설이 전해 내려온다. 그때 코끼리가 운반해 왔다는 사리가 불탑에 안치되어 있다. 찬란한 대형 황금 불탑 주변에는 33개의 종이 둘러져 있는데 이 종을 치면 복을 받는다 하여 모두들 종을 치고 있는데……. 아, 뭐 올라오니 전망은 좋군요.

아직은 낯선 도시가 저 아래 있어, 조금씩 설레기 시작한다.

낯선 곳에서의 아침

성태우가 어둠이 내린 길가에 멈춘다. 숙소에 도착했다. 숙소 예약 사이트에서 벽과 침대가 예뻐서 선택한 숙소는 밤늦도록 거리를 달리는 차 소리와 경적 소리가 났다. 노곤한데도 잠이 쉬 들지 않는다. 잠시 고요해진 사이, 희미하게 쭙쭙쭙 하는 소리가 들린다. 도마뱀이다, 하는 순간 잠에 빠져 들었다. 그리웠던 소리다. 꿈속에서도 쭙쭙쭙 소리를 들은 것 같다. 눈을 뜨니 햇살이 아름다운 벽을 비추고 있다. 날씨가 좋을 것 같다.

치앙마이 게이트 시장 부근에 위치한 호텔은 이름 그대로 레트로풍의 가구가 간결하게 놓인 작고 예쁜 숙소다. 리셉션 데스크가 있는 일층 카페에는 아침마다 상냥한 조식이 차려진다.

더심플리룸
치앙마이
빈티지호텔
The Simply Room
Chiangmai
Vintage Hotel

W A Y 　공항에서 썽태우로 10여 분 거리, 왓쩻린 맞은편
A D D 　88/2-3 Phrapokklao Rd.
T E L 　081-458-9411
W E B 　www.simplyroomvintagecnx.com

여행자의 아침 산책

치앙마이
게이트 시장
Chiang Mai
Gate Market

일어나자마자 눈을 비비며 숙소 근처 치앙마이 게이트 시장으로 간다. 간밤의 흥성거리면서도 어딘가 모르게 피곤해 보이던 분위기와 달리 새벽의 시장은 좀더 말갛고 활기차다. 타패 게이트 남쪽에 위치한 치앙마이 게이트 시장은 작은 재래시장이다. 새벽 5시부터 열리고 밤이면 문 닫은 상가 앞으로 맛있는 냄새를 풍기는 포장마차가 들어서서 현지인들이나 여행객들 모두 즐겨 찾는다. 토요일이면 여느 때보다 더 흥성거리는 새터데이 마켓이 선다.

저만치 치자색 승려복이 눈에 띈다. 탁발공양을 보러 우리는 새벽시장에 왔다. 엄숙하고 경건하리라는 예상과 달리 탁발과 공양은 시장 풍경의 하나처럼 소탈하고 자연스럽다. 상인들이 공양을 올리면 승려들은 조용히 축원을 해준다. 안녕과 복을 비는 마음이 오간다. 그런 마음으로 하루를 시작하고 싶다. 그렇게 생각한 순간 석쇠에 구워주는 토스트를 보고 달려가 사먹는 중생의 하루가 시작되었다.

WAY 타패 게이트 남쪽, 왓쩻린 부근
ADD Cnr Bumrung Buri Rd. and Phrapokklao Rd.
OPEN 5:00~23:00(상점마다 다름)

할아버지의 빙수

사각사각. 얼음만 50년 갈아온 듯한 장인의 솜씨로 뚝딱 빙수 한 그릇이 만들어졌다. 햇살의 결정체가 사르르 입안에서 녹는다.

WAY 왓쩨디루앙 뒷길
ADD 5 Soi Cha Ban

단순하고 명료한 기쁨

곳곳에 색 고운 여름의 과일들.
수박 킬러는 하루 종일 기쁘다.

바나나 모양을 한 취향

말랑한 식감의 바나나튀김이 좋았던 언니와 쫄깃한 바나나튀김에 한 표 던진 동생. 길 모퉁이에서 만난 달콤한 행복.

Wat, Wat, Wat 사원 순례의 날

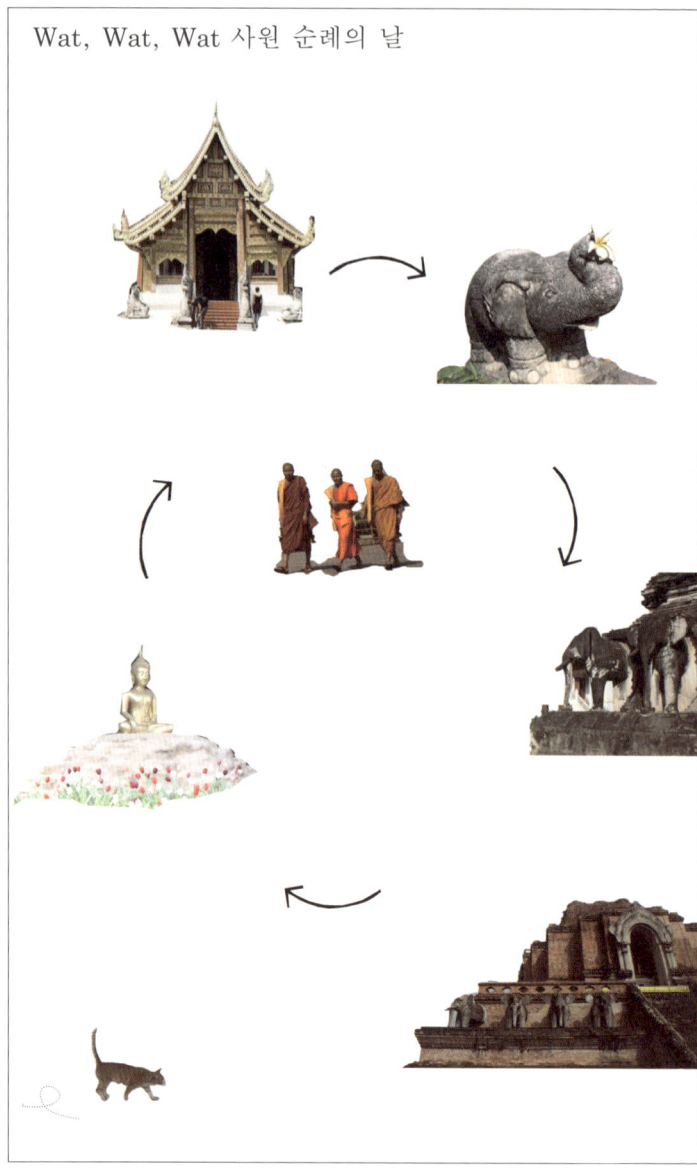

여학생, 승려 혹은 코끼리

가장 아름다운 사원 하나만 추천해 달라는 말에 늘 쾌활하고 상냥하던 숙소의 주인은 슬픈 표정을 지으며 고개를 절레절레 젓더니 말했다.
- 모두 다 아름다워요.
해서 숙소 코앞에 있는 왓쩨디루앙부터 사원 탐방이 시작되었다. 왓은 태국어로 사원, 쩨디는 불탑, 루앙은 크다는 의미다. 사원의 이름이 될 정도로 거대한 쩨디는 1401년 건축 당시 90미터 높이로 세워졌는데 1545년 지진으로 손상되어 60미터 정도의 탑으로 남아, 현재도 복원 중이지만 여전히 웅장하고 신비롭다. 사원 안에서 푸른색 교복을 입은 여학생들과 마주쳤다. 우리를 살짝 뒤돌아보며 수줍게 미소짓고 저희들끼리 쿡쿡 웃는 여학생들이 예뻐서 한참을 따라 다녔다.

왓쩨디루앙
Wat Chedi Luang

WAY 타패 게이트에서 도보 10분
ADD 103 Phrapokklao Rd.
TEL 053-276-140
OPEN 6:00~17:00
FEE 40바트

나무의 사원

왓쩨디루앙과 나란히 위치한 왓판따오는 관광객은 별로 찾지 않는 사원이다. 지나다가 문 너머로 보인 만발한 벚꽃에 홀린 듯 들어간 사원은 고즈넉했고, 한 쪽 건물에선 스님들이 공부를 하고 있었다. 스님들이 지내는 숙소로 보이는 건물에는 깨끗하게 빨아 넌 빨래가 투명한 볕에 말라가고 있었다. 경내 깊숙이 스며든 빛을 따라 서늘한 마룻바닥을 밟고 들어가 소원을 빌고 항아리 안에 시주를 했다. 법당에서 나오니 튤립이 잔뜩 핀 연못이 눈에 부시다. 자세히 들여다본 정원의 화려한 꽃들은 조화였다. 대신 소박한 꽃들이 담담히 향기를 뿜어냈다. 왓판따오는 '천 개의 가마' 라는 뜻으로, 불상을 만들기 위한 천 개의 가마가 있었다고 한다. 아름다운 티크 나무로 지어진 란나 양식의 사원은 조용한 기품이 있다.

왓판따오
Wat Pan Tao

WAY 타패 게이트에서 도보 10분, 왓쩨디루앙 옆
ADD Phrapokklao Rd.
TEL 053-814-689
OPEN 6:00~17:00

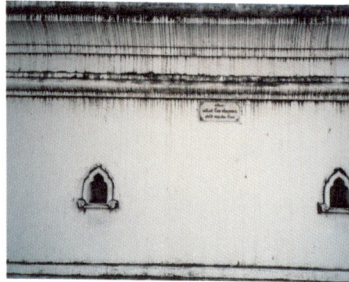

푸른 그늘 아래 초록 잠

울창한 나무가 우거져 공원에 들어선 기분이 들었다. 사원의 한적한 마당 한 구석 벤치 위에 할머니 한 분이 몸을 길게 누이고 낮잠에 빠져 있었다. 고단한 잠이 평온하기를, 모두 안녕하기를 마음속으로 조용히 빌었다.
왓프라싱은 란나 양식의 사원으로, 프라싱 불상이 안치되어 있다. 프라싱은 '사자 부처'라는 뜻으로, 깨달음을 얻은 순간 부처의 표정이 사자를 닮았다고 해서 불린 이름이다. 붉은색 목조 건물 '위한 라이캄' 안에 안치된 프라싱은 태국 3대 불상 중 하나다. 왓쩨디루앙과 함께 치앙마이에서 가장 유명한 사원으로 꼽힌다.

왓프라싱
Wat Phra Sing

W A Y 타패 게이트에서
도보 15분,
라차담넌 로드 서쪽
끝과 싱하랏 로드
교차점
A D D Singharat Rd.
T E L 053-814-164
O P E N 6:00~17:00
F E E 본당 입장료 20바트

릴리와디의 사원

-수학여행 때 봤던 불국사를 한참 시간이 흐른 뒤 다시 가보니 완전히 다른 느낌인 거 있지.
-응, 그렇더라고. 석굴암도 아름답더라.
이런 이야기를 두런두런 나누며 사원 안을 거닐다 그늘을 찾아 앉았다. 개는 정원에 잠들고 작은 연못 위로 하얀 릴리와디가 고요히 내려앉아 부드러운 물 매암이 퍼졌다.
왓치앙만은 1297년에 건립된, 치앙마이에서 가장 오래된 사원이다. 사원 입구 오른쪽의 작은 불당에는 사원이 지어지기 이전부터 내려오던 두 마리 개의 모습을 한 수정 불상과 대리석 불상이 있다. 수정 불상은 프라 새 땅 따마니Phra Sae Tang Tamani라 불리며 액을 쫓고 복을 가져다주고, 프라 실라Phra Sila 불상이라 불리는 대리석 불상은 비를 내리는 힘이 있다고 한다. 본당 뒤쪽에는 15마리의 코끼리가 떠받치고 있는 황금색 불탑이 있다. 바람이 불자 릴리와디 꽃송이가 조용히 떨어졌다.

왓치앙만
Wat Chiang Man

WAY 타패 게이트에서 도보 15분, 랏차파키나이 로드 북쪽
ADD Ratchapakinai Rd.
OPEN 6:00~17:00

코끼리의 산책

입구에 주황색 꽃이 흐드러지게 피어난 사원 안에는 크고 작은 코끼리 상들이 여럿 있었다. 아주 오랜 옛날 사원 자리에는 작은 숲과 연못이 있어 왕과 신하들이 이동하는 수단으로 이용한 코끼리들을 사육했다고 한다. 왓람창이란 '밧줄에 매어있는 코끼리들의 사원'이란 뜻이다. 작은 사원은 찾는 사람은 적고 어디에나 고운 꽃이 피어 있어 살뜰히 꾸며놓은 누군가의 뜰을 할랑히 산책하는 기분이었다. 먼 어느 날 이 아름다운 마당을 서성였을 코끼리들과 함께, 가만히 걸어본다.

왓람창
Wat
Lam Chang

WAY 왓치앙만 맞은편
ADD 32 Moo Muang Rd.
OPEN 6:00~17:00

여행의 틈

윙윙거리는 믹서 소리와 가게를 꽉 채운 사람들 속에서 혼자 앉아 책을 읽던 한 여행자.
그 틈이 무척 좋아 보였다.

'노슈가'로 인기라는 주스 맛은 달콤했다. 잘 익은 과육 듬뿍에 산지 직송의 햇살을 세 스푼 더한 맛. 원기 충전도 했으니 다시 길을 떠나본다. 햇살이 뜨겁다.

꾼깨 주스 바 WAY 왓람창 후문 부근
Khun Kae's   ADD Moon Muang Rd. Lane 7
Juice &   TEL 081-022-9292
Smoothie Bar OPEN 9:00~19:30

건강한 한 끼

살짝 가게 안을 들여다보자 마당을 향해 평상처럼 놓여있는 자리에 한 여행객이 테이블 아래로 다리를 길게 뻗고 책을 읽고 있었다. 빛과 바람이 자연스럽게 넘나드는 가게 한쪽에 자리를 잡고 나도 느긋이 앉아 보았다. 삼시 세끼 태국 음식을 먹어도 질리지 않고(사실 치앙마이에서는 하루 다섯 끼쯤 먹게 된다) 고수도 듬뿍 올려 먹기를 즐겨 전생에 나는 태국 사람이 아니었나 싶을 정도지만 오랫동안 향신료 강한 음식을 먹다보면 담백한 음식이 생각날 때가 있다. 그러면 찾는 곳이 있다. 팜 스토리 하우스는 유기농 재료로 소박하지만 충만한 음식을 차려낸다. 두부와 채소를 올린 덮밥과 샌드위치 등의 비건 요리는 물론 커리와 똠얌꿍, 팟타이 등의 태국 음식, 어느 것이나 담백하게 맛있다. 내가 즐겨 먹은 음식은 구운 토마토와 청경채를 곁들인 치킨스테이크. 단출한 한 접시지만 건강한 한 끼를 먹었다는 즐거운 포만감이 든다.

팜 스토리 하우스
Farm story house

- WAY 타패 게이트에서 도보 4분
- ADD 7 Rachadamnoen Rd. Soi 5
- TEL 086-345-4161
- OPEN 8:30~20:30
- CLOSE 수요일

모든 것이 좋았다

큰길에서 살짝 돌아 접어드는 골목길을 따라 콘티넨털 블랙퍼스트를 파는 핑크색 가게와 아메리칸 스타일 브런치와 태국식 아침 메뉴를 함께 파는 민트색 가게 사이 마사지숍과 주스 가게를 지나 바나나를 쌓아놓고 파는 가판대와 두 평 남짓한 이발소와 부겐빌레아가 가득 피어있는 타투숍과 작은 여행사를 끼고 돌아 담장 위에 시트를 널어 말리고 있는 게스트하우스를 지나 목청 좋은 개들과 느긋한 고양이 몇 마리를 지나면 내가 묵는 숙소가 나왔다. 그 골목 모퉁이에 작고 단정한 가게가 하나 있어 늘 궁금했다. 격자창을 기웃거리며 저 안에는 필시 멋진 것이 있을 거라고 생각했다. 그리하여 날이 몹시 화창하던 어느 날, 문을 밀고 들어가 보았다. 예상이 맞았다. 그 안의 모든 것이 근사했다.

그라프 카페
Graph
Cafe

- WAY 타패 게이트에서 라쯔비티 로드 도보 10분
- ADD 25/1 Rajvithi Rd. 1, T.Sriphoom
- TEL 086-567-3330
- OPEN 9:00~17:00
- WEB www.graphdream.com

잃어버린 별의 커피, 화성의 디저트

마음속으로 단골 가게라 생각하는 카페가 하나 있다. 나 같은 사람이 한둘이 아니라 카페에는 늘 손님들이 바지런히 드나든다. 나는 그곳에 앉아 글을 쓰거나 책을 읽다가 커다란 창 너머 초록 나무를 바라보기도 한다. 카페에 들어서자마자 바깥 온도보다 몇 도 정도는 낮은 듯 서늘하고 공기는 밀도가 높고 농후해진 느낌이 든다. 바깥의 소란과 뚝 떨어진 듯한 공기 속으로 진한 원두 냄새가 풍겨오면 어쩐지 가만히 설레곤 한다. 독특한 이름의 하우스 블랜딩 커피 중, 소설을 써야 하는 날에는 '나쓰메 소세키', 이런저런 일들로 심란한 날에는 '파블로 네루다'나 '공기의 꿈'을 고르고 디저트도 하나 주문한다. 카페 구석 자리에 앉아 '공기의 꿈'을 마시고 까눌레를 먹고 있으면 마음이 조금은 부드러워지고 숨이 쉬어지는 기분이 든다. 내 단골 카페를 그대로 옮겨온 듯한 곳을 치앙마이에서 만났다.

오래된 건물을 개조한 카페의 좁은 계단을 올라 원두 포대가 쌓인 창고를 지나 카페 안으로 들어서면 으스대거나 과장하지 않고 딱 좋을 만큼의 여유와 멋을 지닌 공간이 나타난다. 'Lost Star'와 'Remember' 등의 독특한 이름을 가진

커피와 'Mars'와 'Lunar' 등의 아름다운 이름의 디저트가 있고 신선하면서 어딘지 모르게 그리운 공기가 카페 안에 흐르고 있었다. 카페는 그라프 카페 Graph Cafe의 주인이 오픈한 곳이라 그라프 카페의 훌륭한 커피 맛을 즐길 수 있다. 그 안에 있는 모두가 자신의 공간과 시간에 몰두하여 어떤 독특한 분위기를 만들어내는 동시에 자연스레 흡수되어 있는 듯한 카페에서 나는 거리를 향해 열린 창밖을 내다보며 한동안 앉아있었다. 그것이 내가 그곳에서 하고 싶었던 일인 것 같다. 우리는 새롭고 낯선 곳을 보고 싶어 떠나지만 실은 세상 어딘가 나를 기다리고 있었던 것 같은 곳을 찾기 위해 여행하는 게 아닐까.

게이트웨이
커피 로스터
Gateway
Coffee Roaster

WAY 타패 게이트에서 도보 5분
ADD Chang Moi Rd. Soi 2
OPEN 9:00~18:00

다정한 아침

호텔 조식을 좋아한다. 여러 종류 시리얼과 빵과 치즈와 과일이 잔뜩 쌓여있고 요리사가 뭘 넣어드릴까요? 하고 묻고 원하는 것을 가득 넣어 완벽한 반달 모양의 오믈렛을 만들어주는 식당 안에서 흥분하고 만다. 게스트하우스 주인이 아침 준비됐습니다, 하고 부르면 꽃무늬 식탁보를 씌운 탁자에 앉아 바삭하게 구운 빵과 달걀프라이에 갓 내린 커피를 먹는 소박한 아침도 좋아한다. 조식이 나오지 않는 숙소에서는 근처 편의점에서 포장 용기가 예쁘다는 이유로 산 요거트 병뚜껑을 열며 무슨 맛일지 두근두근 기대하는 것도 좋아하고 전날 시장에서 산 과일을 와삭 베어 먹으며 오늘은 어디 갈까, 하고 생각해보는 아침도 좋다. 숙소 근처에 괜찮은 모닝세트를 내는 카페나 맛있는 빵집이 있다면 즐거움이 하나 더 늘어난다. 여행의 기쁨은 의외로 그런 사소한 것에서 오는 경우가 많다.

반 베이커리
Baan Bakery

WAY 타패 게이트에서 도보 15분
ADD 20 Rat Chiang Saen 1 Ko Alley
TEL 053-285-011
OPEN 8:00~16:00
CLOSE 일요일

반 베이커리는 샌드위치가 맛있다고 소문난 빵집이다. 명성에 비해 가게는 작고 소박하다. 다행히 빈자리도 있고 선반에 빵도 남아 있었다. 태국인 남편과 일본인 아내가 하는 가게 안에는 앙팡이라는 이름이 적힌 단팥빵과 크림빵, 카레고로케처럼 친근한 빵들도 있다(이 고로케가 상당히 맛있었다). 소문처럼 쉴 새 없이 손님이 들어와 샌드위치를 주문해서 빈자리를 찾아 앉거나 포장해서 나갔다. 베이컨과 참치는 빼고 달걀과 토마토, 소스는 마요네즈를 듬뿍 넣어달라는 주문지를 작성하고 창가 자리에 앉았다. 넘버 일레븐~ 하고 부르는 소리에 고개를 돌리니 주인이 샌드위치와 커피를 가져다주며 맛있게 드시라고 상냥하게 말한다. 바사삭, 바게트가 부서지며 입안으로 행복이 가득 밀려들어왔다.

조용한 위로의 치즈케이크

어렴풋하지만 동화 <곰돌이 푸>에 이런 이야기가 있었다. 하루는 푸가 친구 래빗네 집에 갔다가 꿀을 너무 많이 먹어서 문에 배가 꽉 끼어 나오지 못한다. 숲속 친구들과 로빈이 와서 푸의 팔을 당겨 빼내려 했지만 아무 소용없자 할 수 없이 배가 꺼질 때까지 기다리기로 한다. 옴짝달싹 못하고 문에 끼어있는 푸를 위해 로빈이 매일 찾아와 책을 읽어준다. 그 이야기가 참 좋았다. 놀리거나 비웃는 대신 곁에서 함께 조용히 시간을 견뎌주는 다정한 이야기.

담쟁이 넝쿨로 뒤덮인 벽에 동그란 창이 나있는 건물은 지날 때마다 늘 궁금했다. 창을 들여다봐도 안은 잘 보이지 않고 드나드는 사람은 거의 없었다. '신발을 벗고 들어오라'고 문 앞의 작은 간판에 적힌 대로 신발을 벗고 안으로 들어갔다. 서늘한 공기와 나직한 그늘이 조용히 반겨주었다. 오가닉 제품과 천연 염색한 옷과 잡화 등을 파는 편집숍을 함께 운영하고 있는 찻집은 영화 <마담 푸르스트의 비밀정원>의 아름다운 응접실 같다. 고요한 숍의 진열장 위에는 색이

고운 천 사이에 검은 고양이가 깊이 잠들어 있고 나는 고양이의 단잠을 깨우지 않기 위해 고양이 걸음으로 지나쳐 담쟁이 넝쿨 벽 뒤 작은 골목길 같은 마당에 놓인 테이블에 앉았다. 차가 우러나길 기다리며 우선 케이크를 맛본다. 세상에, 그렇게 묵직하고 진한 치즈케이크는 처음이었다. 접시에는 벌집 조각을 띄운 꿀이 담긴 작은 유리병이 곁들여져 있다. 병을 기울이자 연한 황금색 꿀이 케이크 위로 조르르 쏟아져 미끄러지듯이 천천히 흘러내린다. 달콤하고 달콤한 맛이 위로하듯 입안에서 부드럽게 뭉개지며 언제까지나 퍼져나간다.

파야카 케이크하우스
payaka
cake house

WAY 타패 게이트에서 도보 15분
ADD 98 Soi Rat chiang saen 1 T.Haiyaiangmai
TEL 085-528-2202
OPEN 10:00~19:00
CLOSE 월·화요일

그날의 온도, 커피의 기분

가지런한 기와지붕 위에 햇살이 부드럽게 미끄러져 내리고 작은 뒷마당에는 릴리와디 나무가 그늘을 드리우고 있었다. 좋은 원두와 적절한 로스팅, 숙달된 바리스타의 손으로 뽑아낸 훌륭한 커피 한 잔만큼이나 우리의 마음을 움직이는 건 커피를 마시는 공간을 채우고 있는 어떤 분위기다. 늘 여행자들이 지나는 길가에 있지만 분주함에서 한 걸음 떨어져 있는 듯한 여유로움과 공간을 소중히 하는 마음과 그것을 존중하는 마음이 조화되어 이루어내는 특유의 공기가 작은 찻집에 있었다. 그러한 분위기는 여행하기 좋은 적당량의 볕과 온도와 습도처럼 산뜻하고 가볍지만 그것을 만들어 내는 것은 결코 쉽지 않다. 그런 카페를 나는 몇 곳 알고 있다. 내 리스트에 이 기분 좋은 카페를 더해도 좋을 듯싶었다.

아르테 카페
Arte house&
Cafe

WAY 타패 게이트에서 도보 10분
ADD 11/2 Soi 7 Moon Muang Rd.
TEL 053-289-569
OPEN 7:00~20:00
WEB facebook.com/artehousechiangmai

책은 여행한다

어느 날 여행자는 치앙마이에 도착했다. 도시를 흐르는 해자를 따라 걷다가 길을 향해 문이 난 작은 카페에 앉아 책을 읽다 밤이면 시장에서 끼니를 해결하고 숙소 침대에서 맥주를 마시며 잠들기 전까지 책을 읽었다. 집에서 가지고 온 책은 다 읽었고 여행은 남아 있었다. 여행자는 여행지에서 서점을 하나 열기로 결심한다. 느닷없이 불쑥. 여행이 우연의 연속이라면 삶은 여행을 닮아 있다. 도마뱀이 그려진 노란 간판이 달린 작은 서점은 구시가에서 가장 유명한 헌책방이 되었다. 길 위의 책들이 잠시 머물다 다시 떠나는 곳. 구시가에는 멋진 헌책방이 많다.

WAY	타패 게이트를 등지고 타패 로드 쪽으로 직진 도보 5분
ADD	2/6 Chang Moi Kao Rd.
TEL	053-874-066
OPEN	10:00~20:00
WEB	www.geckobooks.net

게코북스
gecko books

다시 머물고 싶은 작은 방

숙소에는 없는 게 많았다. 드라이어와 냉장고가 없었다. 에어컨과 모기장은 있었다. 요건 거의 쓸 데가 없었다. 그럼에도 불구하고 다시 머물고 싶다. 침대에 누워 팔을 뻗어 창문을 열면 아무도 쓰지 않는 정원이 나왔다. 싱그러운 숲을 곁에 두고 잠들었다. 아침 일찍 바지런히 카페 문을 여는 주인 할아버지가 내려주는 솜씨 좋은 커피가 있다. 공짜는 아니다. 하지만 고작 천 원도 안 되는 가격이다. 객실이 네 개 있는 작은 숙소의 이층 방에는 세 명의 부인이 묵었나 보다. 숙소 앞에서 우리에게 눈인사를 건네고 어디로 가느냐고 물었다. 택시를 기다리고 있다고 하자 자기들도 그렇다며 웃었다. 아무것도 아닌 이야기를 나누며 즐거워했다. 세 명은 자매 혹은 친구 사이일 것이다. 시간이 흐른 뒤 우리의 여행은 어떤 모습일지 잠시 생각해 보았다.

치앙만 레지던스
Chiang
Maan Residence

WAY 왓치앙만에서 도보 5분
ADD 23 Rachapakinai Rd. Soi 1
TEL 053-418-498
WEB chiangmaanresidence.blogspot.com

마음 속 이정표

파리에서는 마레 지구였고, 스톡홀름에선 회토리예트 광장이었고, 시애틀에서는 파이크 플레이스 마켓이었다. 이정표 이야기다. 도시의 랜드마크 대신 종종 우리는 묵고 있던 숙소가 있는 동네나 즐겨 다녔던 지역을 이정표 삼아 거리를 가늠하곤 했다. 우리의 이정표는 물리적 거리뿐 아니라 심리적 거리감을 어림하는 지표였다. 치앙마이에서는 타패 게이트였다.

란나 왕국은 외세의 침략을 막기 위해 도시를 둘러싼 해자를 만들고 성벽을 쌓아 점성학적으로 중요한 위치에 8개의 문을 만들었다. 그중 구시가의 동쪽에 위치하는 타패 게이트는 번영을 의미하는 문이었다. 수많은 전쟁을 거치며 성곽은 훼손됐지만 타패 게이트 주변 일부를 복원했다. 우아한 사원들이 모여 있는 고즈넉한 거리를 지나 타패 게이트를 통과하면 스타벅스가 보인다. 그래서 이 아름다운 붉은색 성문을 지나는 것은 그대로 시간을 관통하는 기분이 들곤 했다. 일요일이면 타패 게이트 앞에서부터 선데이 마켓이 열린다.

타패 게이트 Thapae Gate

ᵂᴬᵞ 타패 로드와 문므앙 로드가 만나는 지점

밤의 여행자들, 마술의 시장

일정에 일요일이 끼어 있다면 여행자들이 필연적으로 찾는 곳이 있다. 바로 선데이 마켓. 일요일 오후 타패 게이트부터 왓프라싱에 이르는 길을 따라 상인들이 하나둘 노점을 펼치며 시작된다. 큰길과 이어지는 좁은 골목까지 노점과 거리 악사, 간식 리어카가 빼곡하게 들어선다. 낮에 봤던 거리와 180도 달라진다. 그것은 야시장의 힘이다. 뭐라도 하나 사고 싶어 안달 나고 달뜨게 되는 마술의 시장.

적당한 실랑이와 기분 나쁘지 않은 흥정이 오고갔다. 바가지도 푸대접도, 지나친 친절도 호객 행위도 없는 참 이상한 시장이었다. 물건은 다양하고 재밌다. 수준 높은 수공예품도 있고 조악한 물건들도 있다. 향과 스카프와 말린 과일을 저렴한 가격에 덤까지 얻어 샀고 도마뱀이니 개구리 인형이라든가 하는 요상한 것들도 샀고 저런 건 왜 파나 싶은 물건도 킥킥대며 사들였다. 출출해져서 팟타이도 한 접시 사먹고 땡모반을 입에 물고 또 열심히 돌아다닌다. 밤이 무르익자 사람은 점점 많아지고 곳곳에 폭죽 터지는 소리가 나고 하늘에 불꽃이 피어난다. 탄성과 웃음소리가 터진다. 음악 소리가 울려 퍼진다. 부모 손을 잡고 온 아이가 춤을 추기 시작한다. 모두 박수를 치며 흥을 돋운다. 진심으로 즐기는 인생을, 잠시 엿봤다. 돌아오는 길에 두 손 가득 비닐봉지가 들려 있었다. 홀린 듯 산 물건들이다.

선데이 마켓
Sunday Market

WAY 타패 게이트와 왓프라싱 사이의 거리
ADD Rachadamnoen Rd.
OPEN 일요일 17:00~23:00

럿롯
Lert Ros

WAY 타패 게이트에서 구시가 쪽,
호텔 M 뒷골목
ADD Soi 1 Ratchadamneon Rd.
OPEN 12:00~21:00

숯불구이 달인의 집

골목길을 걷다 촉이 섰다. 저 앞에는 필시 어마어마한 것이 있다. 내게는 재능이랄까, 감각 같은 게 있다. 예술적 감성과 문학적 감수성, 그런 것과는 하등 상관없이 먹는 분야 쪽이다. 후각이 가리키는 곳으로 발이 제멋대로 움직인다. 석쇠 위에 이글이글 불타고 있는 고기와 노릇노릇 구워지고 있는 생선을 발견했다. 허름한 가게 외관과 자욱한 연기 속에서 싱글벙글 웃고 있는 주인 할아버지를 보자 심증을 굳혔다. 맛집이다.

세 그릇은 먹을 수 있는 맛

이 국수 가게에서 결심한 것이 하나 있다.
작은 사이즈의 국수를 시키지 말 것.
한 입 먹자마자 백 퍼센트 후회하게 된다.

블루 누들 숍　WAY　타페 게이트에서 도보 5분
Blue Shop　ADD　99 Ratchapakhinai Rd.
　　　　　　OPEN　11:00~21:00

흐언펜
Huen Phen

WAY 왓쩨디루앙 뒷문 근처
ADD 112 Ratchamankha Rd.
TEL 053-814-548(낮),
053-277-103(저녁)
OPEN 8:30~16:00,
17:00~22:00(디너)

정통 란나의 맛

흐언펜. 아름다운 울림소리가 두 개나 들어가는 이름은 '펜 씨의 집'이라는 뜻이다. '흐언'은 집이라는 태국 북부 사투리다. 현지인들도 엄지 척 세우며 추천하는 흐언펜은 태국 북부 요리인 란나 푸드와 미얀마 스타일 음식을 내는 곳이다. 낮에는 도로에 접한 소박한 분위기의 가게에서 카오소이와 커리 같은 간단한 음식을, 밤에는 건물 안쪽의 고풍스러운 식당에서 정통 란나 디너를 맛볼 수 있다. 란나 푸드Lanna Food는 쓰는 재료나 요리법이 독특한데다 다른 지역에서는 쉽게 찾아볼 수 없는 음식이 많다. 그중 깐똑은 란나 푸드의 대표 요리. '깐Khan'은 그릇, '똑Tok'은 밥상을 뜻하는데, 둥근 쟁반에 밥과 여러 반찬을 채소와 함께 내는 요리다. 줄이 식당 밖까지 늘어서 있어 기대감으로 가슴이 두근거렸다. 처음 맛본 깐똑의 맛은······ 어쩐지 모험가의 맛이랄까요.

마나 스티키
라이스
Mana
Sticky Rice

WAY 타패 게이트에서
도보 10분,
at Chiang Mai
Hotel 옆
ADD 77/1 Rajvithi Rd.
TEL 053-215-250
OPEN 10:30~22:00

망고망고한 밥

한 번도 상상하지 않은 오묘한 만남에 가슴이 두근거린다. 망고와 찹쌀밥. 이게 끝이 아니다. 그 위에 젖빛 코코넛밀크 시럽을 조르륵 부어준다. 단, 단, 단, 달콤한 맛이 퍼진다. '카우니여우 마무앙'이라고 부르는 이 음식을 먹기 위해 태국인들은 마무앙 철을 기다린다. 마무앙은 망고라는 뜻이다.

귀여운 바구니 가게

대로 엮은 아름답고 견고한 물건들이 많았다. 이건 뭐에 쓰는 물건인가 싶은 것도 있었는데 용도를 알 만한 티코스터와 작은 소쿠리 몇 개를 샀다. 여행에서 돌아와 핑강 근처 찻집에서 샀던 차를 우려 잔에 따르고 작은 소쿠리에 과자를 몇 개 담는다. 티코스터가 마음에 든다. 창모이 거리에 조르르 늘어서 있던 바구니 가게들과 그 거리를 걷던 우리의 모습이 떠오른다.

반 오라푼
Baan Orapun

WAY 타패 게이트에서 도보 10분, 창모이 거리에서 와로롯 방향
ADD 244/1 Chang Moi Rd.
TEL 053-252-379
OPEN 10:00~17:30
CLOSE 일요일

뭔가 채워야 한다면, 숲

그곳에 들어서자 주변보다 온도가 한 톤 정도 낮아지는 기분이었다. 어떤 도시를 좋아하는 이유는 저마다 다르겠지만 내가 치앙마이를 좋아하게 된 것은 space가 많다는 이유 때문이다.
space를 사전에서 찾아보면 이런 의미들이 있다.
(비어 있는) 공간, (비어 있는·이용할 수 있는) 공간, (장소가) 널찍함
이 도시의 사람들은 그 비어 있는 공간을 사람에게, 낮잠 자는 개에게, 느긋한 고양이에게, 그리고 초록 식물에 아낌없이 내어 준다. 그리하여 물리적인 넓이 이상의 넉넉함을 지니게 되는 것이다. 그것은 마치 깊고 서늘한 숲과 같은 느낌이다.
펀 포레스트 카페는 도심 속 서늘한 숲과 같은 정원을 품고 있다. 메뉴는 간단한 브런치부터 커리와 카우팟무 같은 태국 음식까지 다양하고 특히 케이크가 훌륭하다. 나무 그늘 아래서 느리고 천천히 점심을 먹었다. 여기선 그래야 될 것 같다.
우리가 해야 할 일은 내 안에 비어 있는 공간을 만드는 것, 만약 뭔가 채워야 한다면 깊고 서늘한 숲, 그것 하나 아닐까.

펀 포레스트 WHY 왓프라싱에서 도보 7분
카페 ADD 54/1 Singharat Rd.
  TEL 053-416-204
Fern Forest OPEN 8:30~20:30
Cafe WEB facebook.com/FernForestCafe

스리 시스
베드 & 블랙퍼스트
3sis bed
&breakfast

W A Y 왓쩨디루앙 맞은 편
A D D 150 Phrapokklao Rd.
T E L 053-273-243
W E B http://the3sis.com

아침마다 스님 뷰

아침 7시.
시간이 빛의 속도로 퍼지는 순간.
햇살이 점점 내려오는 창문.
시계 대신 빛으로 시간을 어림하는 아침.
란나 스타일의 고풍스러움과 모던함이 적절히 어우러진 게스트하우스 3sis bed&breakfast는 세 명의 자매가 운영한다. 세 자매는 눈이 마주칠 때마다 오늘은 어디에 가는지, 좋은 곳을 소개시켜줄까 하고 묻는다. 낯선 곳에서의 작은 친절, 화창한 날만 계속되는 날씨, 맛있는 조식. 우리가 원하는 것은 거창하거나 대단한 것이 아니다. 작은 것에 목마르고 작은 것에 기쁨을 느낀다. 왓쩨디루앙을 바라보며 조식을 먹는다. 탁발을 마친 스님들이 사원으로 돌아오고 있다. 아마도 타패 안에서 가장 근사한 뷰를 누리는 조식이 아닐까. 이 풍경을 우리는 '스님 뷰'라고 불렀다. 딱 알맞은 정도의 쾌적함을 지닌 숙소의 또 다른 장점은 위치다. 일요일이면 선데이 마켓이 바로 앞에 열린다.

산지 직송의 햇살

치앙마이에서는 주말이면 곳곳에서 독특한 시장이 열린다. 여행지에서 시장에 가는 것을 즐기지만 무소유를 결심하고 있는 나로서는 매우 난감해지고 만다. 하지만 먹는 것이 주가 되는 시장이라면 얘기가 달라진다. 사는 족족 입에 넣으면 된다. 물론 그 자리에서 다 먹지 못할 정도로 엄청 샬게 뻔하지만 언젠가는 필시 다 먹게 된다. 배 둘레가 두둑해지고 살이 남게 되겠지만 그 정도는 감수할 수 있다. 일요일 아침 열리는 파머스 마켓 징자이(러스틱 마켓Rustic Market이라 불리기도 한다)는 각종 먹거리와 옷과 잡화, 기념품 등의 수공예품을 팔고 바로 옆 농산물 시장에서는 싱싱한 채소와 과일 등의 식재료와 반찬, 각종 음식을 판매한다. 한쪽에는 테이블이 넉넉하게 놓여있어 구입한 음식을 먹을 수 있다.

나무가 우거진 커다란 광장으로 가자 시끌시끌한 소리가 들려오기 시작한다. 광장 가득 천막과 커다란 파라솔이 가득 메우고 있다. 근사한 냄새가 풍기는 커피 트럭을 지나 아이들에게 풍선으로 인형을 만들어주는 삐에로 아

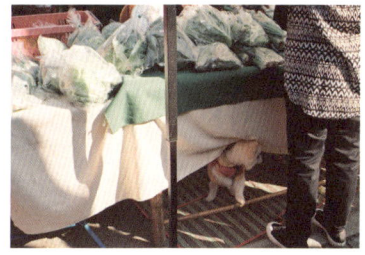 

저씨 앞에서 한동안 구경하다 마켓의 최고 인기인인 드립커피 아저씨 앞에는 너무 많은 사람들이 둘러앉아 있어 아쉽게 지나치고 시원해 보이는 날염 원피스와 블라우스를 만지작거리다 무소유를 이마에 단단히 아로새기고 우선 패션프루트 주스를 한 잔 사들고 맛있는 냄새가 풍겨오는 족발집과 국수 가게와 팟타이 트럭과 햄버거집 등의 노점상을 바삐 돌아보며 아침으로 무엇을 먹으면 잘 먹었다고 소문이 날까 심각한 고민에 빠져든다(그 와중에 호떡 비슷한 것과 코코넛 떡 등을 사는 족족 먹어치웠다). 쉽게 결정하지 못하고 농산물 시장으로 걸음을 옮긴다. 이쪽은 관광객보다 현지인들이 더 많아 보이고 소란스러움 대신 활기가 넘친다. 각종 반찬을 푸짐하게 차려놓은 가판대에서 눈과 코를 뗄 수 없고 결정은 더욱 어려워진다. 가지런하게 쌓아올린 채소와 과일은 어찌나 싱싱하고 탐스러운지 보는 것만으로 욕심이 마구 난다(마구 산다). 이런 것이 시장이 재미지, 중얼거리며 시장을 빠져나오는 내 손은 아니나 다를까 장본 것으로 북적하다.

징자이 마켓
Jing Jai Market

WAY 타패 게이트에서 자동차로 6분, 도보 30분
ADD 45 Atsadathon Rd.
OPEN 일요일 6:00~14:00

숙소로 돌아와 장바구니를 풀자 방 안 가득 단내가 풍긴다. 노랗게 익은 파인애플을 잘라 입에 넣자 달콤한 즙이 주르르 흐른다. 이것이 바로 산지 직송의 햇살 맛이겠지.

 ——————————————— Small Trip 01

한나절 핑강 유역 여행

핑강 유역이 좋다. 느리게 흐르는 핑강을 따라 전망 좋은 레스토랑과 카페가 늘어서 있다. 그래서만 좋은 건 아니다. 언제나 활기 넘치는 와로롯 시장이 있고 수줍지만 개성 넘치는 가게들이 성실하게 삶을 사는 풍경이 좋다. 그리고 해질녘 조용히 흐르는 핑강을 가만히 바라보고 있는 게 좋다. 이대로 흘러 어디론가 갈 것 같은, 혹은 이렇게 머물러 있을 것 같은 그 순간이 좋다.

숲과 빵의 위로

민트 색 작은 빵집에서는 숲 냄새가 났다.
빵집의 앞뜰은 숲이다.
숲속에 앉아 빵을 먹는다. 숲의 그늘이 머리를 부드럽게 감싼다. 더위를 잠시 잊었다.

우리들은 너무나도 생활에 쪼들리고 있기 때문에 정신생활의 아름다운 전망을 자유로이 즐길 수 없는 것이다. 우리들에게는 정신적인 앞뜰이라는 것이 없다.
-임어당의 <생활의 발견>

우리에겐 위로도 필요해요. 빵과 숲과 같은.

포레스트 WAY   나와랏 브리지에서 도보 10분
베이크   ADD   8/1 Nawatgate Rd. Soi 1
Forest bake TEL 053-242-621
          OPEN 10:30~17:00
          CLOSE 수·목요일
          WEB   facebook.com/forestbake

다정한 찻집

내게는 오랜 친구들이 몇 있다. 그 친구들은 각자 뚜렷이 다르지만 만나고 돌아와 가만히 생각해보면 닮은 점이 있다. 남의 이야기를 하는 경우는 적고 하루하루 자신이 한 바보짓을 말하며 낄낄거리다 바보 같지, 하며 한숨을 내쉬고 그러나 어쩌겠어, 하고 웃음 짓는 친구들. 몇 십 년 동안 보아왔으나 조금도 달라지지 않았다. 예전에는 사람을 많이 만나고 변화무쌍한 사람에게 매력을 느끼기도 했지만 지금은 언제나 한결같고 속 깊은, 몇 안 되는 내 친구들이 좋다. 그런 오래된 친구 같은 카페가 있다. 부드럽게 흐르는 핑강 유역, 길가에 단정하게 위치한 카지는 오랫동안 변함없는 모습으로 사랑받아 온 곳. 일본인 아내는 빵과 케이크를 굽고 태국인 남편은 커피를 내리는 이 작고 소담한 공간은 교토의 작은 골목을 걷다 만나게 되는 호감 가는 카페 같다. 카페 안에 음악 대신 햇살이 말갛게 떠돈다. 마음이 맞는 공간은 친구를 사귀는 것과 비슷하다. 많이도 필요 없다. 내 마음을 줄 수 있는 정도가 딱 좋다.

카지
Kagee

W A Y 나와랏 브리지에서 도보 5분
A D D 29-30 Lumphun Rd, T.Wat Ket
T E L 082-975-7774
O P E N 10:00~17:00
C L O S E 월·화요일
W E B facebook.com/khageecafe

황홀하였다

먹는 법을 아나요?
알 것 같았지만 대답을 하기도 전에 공중에서 숟가락이 현란하게 춤을 춘다. 그리하여 무려 우리 앞에 놓인 건 온갖 색과 향이 뒤섞인 비빔밥 한 그릇. 이상하게도 그 맛이 기억나지 않는다. 어렴풋하게 떠오르는 건 치앙마이의 숲을 통째로 먹었다는 기분. 황홀하였다. 마법에 빠진 듯.
우 카페는 갤러리와 아트숍을 겸한 카페. 솜씨 좋고 바지런한 정원사의 꽃밭을 통째로 옮겨놓은 듯한 꽃 사이에 진열된 디저트를 보고 있노라면 이들은 최소한 예술가 아니면 마법사라는 생각이 든다. 파스타와 샐러드, 태국 음식 등의 식사 메뉴는 어느 것이나 훌륭하고 디저트는 두말할 필요도 없이 근사하다.

WAY	나와랏 브리지에서 도보 7분
ADD	80 Charoenrat Rd. Wat Kat
TEL	052-003-717
OPEN	10:00~22:00
WEB	www.woochiangmai.com

우 카페
woo cafe

오후의 티타임

핑강 유역에는 아름다운 찻집이 많다. 눈에 띄는 핑크빛 건물. '핑크도시'라고 불리는 인도 자이뿌르에서 영감을 받아 지었다는 건물은 핑크빛, 찻집의 이름도 핑크도시, 비앵 줌 온이다.

차가 우러나기를 잠시 기다렸다 한 모금 마신다. 향긋하면서 쌉싸래한 맛이 혀끝에 감돈다. 테이블 위의 주인공은 따로 있다. 달콤한 디저트로 채워진 삼단 트레이와 부드러운 스콘 접시. 호사를 누렸다.

여행에서 돌아와 그날 찻집에서 사온 차를 마신다. 장미와 정향, 생강, 시나몬, 카다멈. 그리고 핑강의 햇살과 치앙마이의 공기. 차의 이름은 '비앵 줌 온'이다. 이 차를 다 마시면 또 치앙마이에 가야지. 여행의 기억은 은은하게 남는다. 오후의 다정한 홍차 맛처럼.

비앵줌온
티하우스
Vien Joom on
Teahouse

WAY 나와랏 브리지에서 도보 7분
ADD 53 Charoenrat Rd. T. Wat Ket
TEL 053-303-113
OPEN 10:00~19:00
WEB www.vjoteahouse.com

리버스앤로즈
Rivers&Roads

WAY 타패 게이트에서 와로롯 시장 방향 도보 10분
ADD 90 Thapae Rd.
TEL 086-252-9489
OPEN 12:00~20:00
CLOSE 일요일

고요히 흐르는 시간의 조각들

지버리시의 주인 낫이 친구들과 함께 귀여운 소품 가게를 열었다. 이름도 어여쁜 리버스앤로즈. 낫을 비롯한 17명의 여성 일러스트레이터들의 그림과 소품들로 꾸며진 숍은 구석구석 아름다워, 가게 안에 있는 것들을 통째로 내 집에 옮겨오고만 싶었다. 고심 끝에 티스푼과 새 모양 브로치와 일러스트 엽서를 골랐다. 브로치가 잘 어울릴 것 같은 이와 티스푼을 받으면 기뻐할 친구가 생각났기 때문이다. 좋아하는 사람들을 떠올리며 선물을 고르는 내내 즐거웠다. 그게 아마도 이 가게를 오픈한 낫과 그 친구들의 마음일 것이다. 여행에서 돌아와 엽서를 내 방 침대 머리맡에 붙여 두었다. 엽서를 보면 뜨거운 햇살 아래 길을 걷다 우연히 하얗고 예쁜 가게를 발견하고 두근거리며 문을 열고 들어가던 기억이 떠오른다.

상냥한 파스타

밀가루 반죽을 밀대로 펴 파스타 기계에 넣고 손잡이를 돌리자 납작한 라자냐 반죽이 되었다. 조금의 낭비도 없는, 자연스러운 그 모습까지 요리의 한 부분이 되었다. 완성된 요리는 채소라자냐 파스타. 만들어지는 과정을 처음부터 지켜본 요리는 기대한 대로 딱 좋은 온기가 담겨 있다. 상냥한 가게, 베어풋이 펭귄 게토에서 올드시티로 자리를 옮겨 예쁜 소품 가게 리버스앤로즈와 이웃이 되었다.

WAY	와로롯 시장에서 도보 10분
ADD	90 Thapae Rd.
TEL	083-564-7107
OPEN	12:00~15:00, 17:00~21:00
CLOSE	화·수요일
WEB	facebook.com/barefootcafechiangmai

베어풋 카페
Barefoot Cafe

도시와 친해지는 법

저마다 도시와 친해지는 방법이 있다. 나는 시장에 간다.
거리에 가득한 낯선 향신료 냄새, 이국적인 색깔의 과일, 넘치는 거리의 음식, 흥정하는 소리, 왁자지껄함, 분주함, 활기. 잘 통하지 않는 언어 대신 표정을 살피고 눈짓과 손짓에 집중하며 익숙지 않은 화폐로 계산을 하고 고맙다는 말이 오간다. 서투른 여행자는 그렇게 도시와 조금 가까워진다.
와로롯 시장은 치앙마이에서 제일 큰 재래시장으로 하루 종일 북적인다. 우리는 와로롯 시장을 몇 번이나 찾았다. 새벽에 아침거리를 사러, 저녁에 야참으로 먹을 꼬치와 쏨땀을 사러, 꼭 사야겠다고 마음먹은 법랑 접시와 삼단 찬합을 사러, 근사한 바구니를 보고 며칠이나 고민하기도 했다. 여행 마지막 날에는 가족들에게 선물할 말린 과일을 샀다. 그리고 어느 날은 강을 등지고 앉아 줄지어 선 가게의 꽃들과 꽃을 사고파는 사람들을 한참 동안 구경했다. 하늘이 붉게 물들었다. 저녁거리를 사서 집에 가자, 하고 일어났다.

와로롯 시장 WAY   타패 게이트에서 썽태우로 10여 분
Warorot   ADD   Wichayanon Rd.
Market   OPEN 이른 새벽~늦은 밤, 실내 상점은 8:00~17:00

국왕의 꽃, 공주의 커피

국민의 절대적인 사랑을 받은 푸미폰 국왕이 생전에 펼친 '로열 프로젝트' 사업은 고산족의 가난 극복을 위해 고소득을 올릴 수 있는 채소와 꽃, 커피 등의 작물을 경작하도록 장려하는 것이었다. 이 결과 태국 북부 커피는 세계적으로 품질을 인정받게 되었다. 대표적인 커피 브랜드로 도이창, 도이뚱, 아카아마, 그리고 와위 커피 등이 있다. 와위 커피는 방콕과 푸껫에도 지점이 있고 핑강, 타패 게이트, 님만해민 곳곳에서 찾을 수 있다.

우리가 방문한 와로롯 시장 근처의 와위 커피는 예쁜 타일이 깔려있는 곳. 핑강을 바라보며 달달한 연유를 부어 만들어준 아이스와위커피를 마셨다. 국왕의 뜻을 이어 커피와 차 사업에 전념하는 이는 둘째 딸이라고 한다. 국민들은 '쁘라텝'이라고 부른다. '천사공주님'이라는 뜻이다.

와위 커피
Wawee
Coffee

WAY 와로롯 시장에서 나와랏 로드로 도보 5분
ADD 29-30 Lumphun Rd.
TEL 053-247-713
OPEN 7:00~20:00
WEB www.waweecoffee.com

공룡 모양의 기쁨

신나버렸다. 아침으로 공룡 모양 도너츠라니!
기쁨은 의외로 작은 것에서 오는지도 모른다.

빠떵꼬는 밀가루 반죽을 기름에 튀겨내는 도너츠. 여기에 남떠후라고 하는 따뜻한 콩물을 곁들이면 태국인들이 즐겨 먹는 아침 식사가 된다. 와로롯 시장, 냉 아저씨의 빠떵꼬 가게는 이른 아침 문을 연다. 공룡 모양 빠떵꼬는 도대체 어떻게 만드는지 궁금해 한참을 구경했지만 냉 아저씨는 평범한 모양만 만들고 만다. 사업 비밀인 걸까.

빠떵꼬 꼬 냉	WAY 와로롯 시장
Pathongko	ADD 90 Wichayanon Rd.
Ko Naeng	TEL 094-637-6333
	OPEN 7:00~재료 소진시

느리게 흘러가는 시간

그곳에선 모두 사진을 찍고 있었다. 님만해민의 더 바리스트로The Baristro의 주인이 도심에서 떨어진 한적한 곳에 오픈한 카페 역시 스타일리시하다. 빈티지한 인테리어와 가구, 근사하게 담아내는 음료, 카메라를 대는 모든 곳이 멋지게 나오던 카페 안에는 손님들이 많았지만 공간이 넓어서 북적거리는 느낌은 없었다. 숨어드는 기분이 드는 구석 자리에 앉아 잠시 책을 읽었다. 얇은 커튼 사이로 비쳐드는 나붓한 햇살과 시원한 에어컨 바람. 적당히 푹신한 가죽소파가 너무 편해서 깜빡 졸았던 것도 같다. 카페 뒷마당으로 나가자 핑강이 느긋하게 흐르고 있다. 포토 존임이 분명한 테이블에 앉기 위해 줄을 서서 기다렸다 사진 찍는 사람들을 구경하는 것도 심심치 않았다. 빗방울이 살짝 떨어졌다 금세 그치고 청량한 하늘이 펼쳐졌다.

더 바리스트로
앳 핑 리버
The baristro at
ping river

WAY 타패 게이트에서 와로롯 시장 방향 도보 10분
ADD 62 Pa Tan Rd.
TEL 087-788-2788
OPEN 8:00~19:00

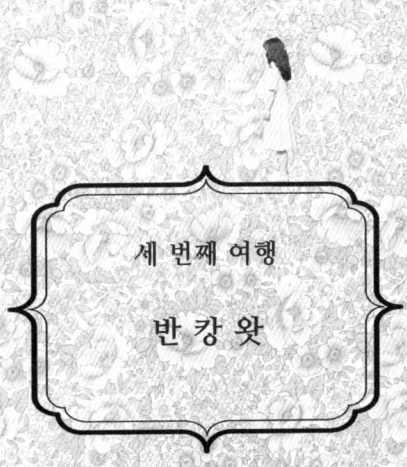

세 번째 여행

반 캉 왓

구름 속 기린과 몽상가의 산책

그곳의 하늘은 푸르고 공기는 투명해 어느 때보다 선명한 색이었으나 이상하게도 내 기억 속에는 빛이 많이 들어가 하얗게 바랜 필름 사진처럼 남아 있다. 실제보다 두 배는 햇살이 더 많이 비치고 세 배 정도는 더 아련하다. 기억을 더듬자면 사진의 맨 첫 장면은 창문이다. 삐걱, 하는 소리를 내며 창이 젖혀진 순간 한 번도 경험하지 못했던 세계가 밀려들어왔다. 투명한 볕, 담담한 초록빛, 풀과 잎사귀 냄새를 머금은 조용한 바람, 고요하게 울리는 새 우는 소리. 아직까지도 그 순간을 생각하면 조용히 가슴이 설렌다. 실은 그랬다. 그곳은 도무지 믿어지지 않을 만큼 아름답고 이상적인 장소, 반캉왓. 예술인들이 하나둘씩 모여 이룬 작은 마을에는 꿈꾸는 삶을 돌아보게 하는 작고 충실한 가게들이 있다.

그곳의 기억은 병 속의 햇빛 같아서 어느 춥고 스산한 날, 가만히 병뚜껑을 열면 여름의 기억과 빛나던 열기가 떠오른다. 모든 여행은 기억이다.

map

① 왓우몽

② 페이퍼 스푼

③ No.39 카페

④ 반캉왓
이너프 포 라이프
이너프 포 라이프 숍
마하사뭇 라이브러리
반캉왓 모닝 마켓

⑤ 빠이파 국수

⑥ 왓람쁭

⑦ 이너프 포 라이프 빌리지
이너프 포 라이프 숍

⑧ 아사마 카페

⑨ 캣 냅 홈스테이

⑩ 미나 라이스 베이스드 퀴진

⑪ 지버리시

창가에 걸터앉은 기쁨

조심스럽고도 가벼운 발걸음 소리가 들려온다. 소리는 나직이 한 걸음 한 걸음 계단을 오르고 있다. 더는 견디지 못하고 일어나 창문을 열어젖힌다. 조용히 와서 기다리고 있던 아침 햇살이 살며시 들어온다. 상쾌한 공기가 피부에 스며든다. 더할 나위 없는 아침이다.

반캉왓 빌리지 안에 있는 이너프 포 라이프는 포피앙, 피앙포, 포디라는 귀염둥이 삼형제를 키우는 사과씨가 운영하는 게스트하우스. 아이들의 이름은 모두 'enough for life', 즉 '만족스러운 삶'이라는 뜻이다. 그것은 얼마 전 서거한 태국 국왕 푸미폰의 뜻이자, 사과씨가 가족들과 함께 그리고 싶은 삶의 모습이기도 하다. 부족하지도 넘치지도 않는 삶, 소박하나 만족스러운 삶. 이너프 포 라이프.

-아침입니다.
하는 소리에 문을 열어 보니 문 밖에 예쁜 바구니가 놓여 있다. 바구니 안에는 연한 겨자색 찬합과 어느 날에는 우유와 씨리얼, 또 어느 날에는 열대 과일 주스가 함께 들어 있었다. 두근두근. 무려 3단인 찬합을 열면.
오늘도 만족스러운 아침. 매일매일이 선물 같은.

이너프 포 라이프 WEB www.enoughforlife.com
Enough for
Life

천천히, 그리고 함께 누린다

반캉왓은 '사원 앞에 있는 집'이라는 뜻으로, 왓우몽 지역 왓람뻥 사원 근처에 있는 예술인 마을이다. 예술과 자연 속에서 느리지만 정직하고 단순한 기쁨을 얻는 삶을 살고, 좋아하는 것을 하며, 좋아하는 것을 나눔으로써 수익을 얻을 수 있다는 믿음에서 시작된 공동체 마을이다. 마을 안에는 치앙마이의 전통 양식으로 지어진 아름다운 2층 목조 건물이 10여 채 있다. 1층은 갤러리와 카페, 식당, 공방과 소품숍 등으로 개방되고 2층은 예술가들의 거주 공간이다. 주말마다 열리는 마켓 외에도 수시로 공연과 유기농 마켓, 벼룩시장 등이 열린다.

반캉왓
Baan Kang Wat

WAY 님만해민에서 썽태우로 20여 분, 왓람뻥에서 내려 도보 5분
ADD 191-197 Soi Wat Umong, T. Suthep
TEL 098-427-0666
CLOSE 월요일
WEB www.baankangwat.com

햇살은 오래 그곳에 남아

그 안에 있는 것은 모두 아름다워 - 별과 꽃무늬의 바닥 타일도, 유리를 끼워 넣은 빈티지 장도, 그 안에 들어있는 유리그릇도, 투명한 유리잔에 어른거리던 햇살 조각도, 벽에 붙어 있는 가족을 그린 그림과, 이 모든 것을 반짝반짝 빛나게 하던 창문과 그리고 문 앞에 머물러 있던 긴 빛의 자락 - 한동안 말을 잊었다. 과묵한 상태로 재빨리 가게 이름이 새겨진 드리퍼와 스퀴저를 구입했다.

이너프 포
라이프 숍
Enough for
Life Shop

OPEN 10:00~17:00
CLOSE 월요일
WEB www.enoughforlife.com

반가워요, 하루키 씨

하루 종일 앉아 있고 싶은 근사한 북카페였다. 엄청난 양의 책 속에서 태국판 무라카미 하루키의 시리즈를 발견하고 슬며시 기뻐졌다. 한 글자도 읽을 수 없지만 표지가 너무나 마음에 들어 이런 책이라면 나도 모르게 스르르 살 수밖에 없겠어, 하는 생각이 들었다. 우리의 기쁨을 눈치 챈 마스터가 잡지를 몇 권 챙겨다 주었다. 어딘가에서 꺼내준 걸로 보아 소중한 책이었던 것 같다.
햇살이 어른거리고 바람이 통과하며 책장을 가만가만 넘기는 이 느낌. 참 좋았다.

마하사뭇
라이브러리
Mahasamut
Library

T E L 094-169-5191
O P E N 9:00~19:00
C L O S E 월요일
W E B facebook.com/mahasamutlibrary

일요일 아침의 시장

일요일 아침, 반캉왓에서 시장이 열린다. 베이글을 파는 금발의 아가씨, 피자를 만들고 있는 아저씨, 국수 트럭, 잼과 요거트 차, 오믈렛 포장마차, 망고와 라임주스 가게……. 수많은 유혹 속에서 우리는 일단. 뒤통수에 달라붙어 있는 졸음을 떨치기 위해 예쁜 언니가 드리퍼로 정성 들여 내려준 진한 커피를 한 잔 사마셨다. '로 슈가, 로 칼로리low sugar, low calory'란 말에 혹해서 브라우니도 잔뜩 사서 먹었다.
역시 시장은 좋다.

반캉왓
모닝 마켓
Baankangwat
Morning Market

OPEN 일요일 8:00~11:00
WEB www.baankangwat.com

하루를 보내는 법

반캉왓 빌리지에서 나무가 우거진 길을 따라 잠시 걸으면 하얀 각설탕 같은 건물이 모여 있는 이너프 포 라이프 빌리지가 나온다. 반캉왓에 있는 이너프 포 라이프 2호점이다. 두 팀이 묵을 수 있는 숙소가 있고 카페와 소품숍이 함께 있다.

여기서 우리가 뭘 했냐면.
눈을 뜨면 예쁜 바구니에 담겨 문 앞까지 배달되는 아침을 햇살이 퍼지기 시작하는 베란다에 앉아 먹고 핑크색 부겐빌레아와 릴리와디 나무가 그림자를 드리운 수영장에서 물장구를 치다 태양이 머리 위에 오면 카페로 달려가 수박주스와 얼음을 띄운 커피를 주문하고 예쁜 사진이 많은 여행 에세이를 읽으며 다음 번 여행을 계획하다 장난꾸러기 강아지와 한참을 놀다가 아이스크림도 사먹었다. 바람이 살랑대고 햇살은 정수리를 부드럽게 쓰다듬어 졸음에 겨워하다 잠시 기분 좋은 낮잠을 자고 일어나 밤의 길을 조금 걸어 막 문을 연 포장마차에서 자라탕이나 용봉탕이 아닐까 생각되는 정체 모를 국물과 정체를 알 것 같은 고기꼬치를 사서 아침을 먹었던 베란다에 모기향을 피우고 선선한 바람을 쐬며 맥주를 마셨다.
-아, 저거 별똥별 아니냐.
-아니다.
-아, 아니냐.
시답잖은 이야기를 하고.
마구 웃기도 했다.
아무 말 없이 밤하늘을 올려다보기도 했다. 별 일은 없었다.
그것으로 족했다.

이너프 포 라이프 빌리지 Enough for Life Village

반짝이는 기억의 조각들

오래 됐지만 소중히 다뤄진 물건들이
새것들 사이에 반짝반짝하게 놓여 있었다.

이너프 포	WAY	반캉왓 빌리지에서 길 건너 왓람쁭 지나 도보 5분
라이프 숍	ADD	Tambon Su Thep
	TEL	084-504-5084
Enough for	OPEN	11:00~20:00
	CLOSE	월요일
Life Shop	WEB	www.enoughforlife.com

이상하리만치

검은 벽돌로 쌓은 사각형 건물. 길가로 난 네모난 창에는 하얀 커튼이 드리워져. 자칫하면 눈치 못 채고 지나칠 수도 있는 이 수수하고도 수상한 건물의 힌트는 벽에 그려진 하얀 자전거.
자, 그 뒤를 돌면.
상상도 못한 풍경이 펼쳐진다.

이상하리만치 기분이 좋아서 나도 모르게 콧노래를 부르고 있었다.
호수와 숲과 햇살과 그늘로 이루어진 이런 곳이라면. 마침 시원한 커피도 있으니.

No.39 카페
No.39 Cafe
WAY 반캉왓 빌리지에서 왓우몽 방향으로 도보 10분
ADD Tambon Su Thep
TEL 086-879-6697
OPEN 9:30~20:00

바람과 빛, 쌍둥이 조카

페이퍼 스푼
Paper Spoon

창으로 살랑살랑이란 형태를 한 기분 좋은 바람이 불어왔다. 살랑살랑이란 말이 얼마나 잘 만들어진 단어인지 이 공간에 앉아 있으니 알게 되었다. 어른거리는 햇살. 창밖은 볕과 초록의 냄새, 실내는 그늘과 마루의 냄새가 난다. 이런 곳에서는 차갑게 식힌 녹차와 고운 색을 들인 양갱을 먹어야 할 것 같지만. 오너가 직접 만들었다는 패션프루트 잼을 살짝 얹은 스콘은 놀랄 만큼 부드러웠고. 맛있다고 들릴 듯 말 듯 수줍게 덧붙였던 오너의 말이 잼을 말한 건지, 스콘을 말한 건지. 생각해보니 둘 다인 것 같았다.

WAY	반캉왓 빌리지에서 왓우몽 방향으로 도보 15분
ADD	36-14 Moo 10 Wat Umong, Wat Ram Poeng
TEL	085-041-6844
OPEN	11:00~17:00
CLOSE	화·수요일

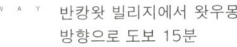

페이퍼 스푼은 카페 외에도 마당 안에 예쁜 세 채의 건물이 더 있는데, 의류와 소품을 만들어 판매하는 진 타나JYN TANA, 수공예 잡화점인 커뮤니스타Communista, 아이 옷과 장난감을 판매하는 핸드룸Hand Room이다. 전에는 진 타나 숍에 오래 머물렀는데 우리에게 쌍둥이 아기 조카가 생긴 이후로는 핸드룸에 머무는 시간이 압도적으로 길다. 핸드룸의 원피스는 정말 너무 예쁘다.

아름다운 동굴의 사원

부드럽게 쌓인 나뭇잎을 밟아, 시원한 그늘 아래를 걷는다. 왓우몽은 사원이라기보다는 초등학교 때 단골 소풍 장소였던 공원을 닮았다. 사람들은 나무 밑에 모여 앉아 도시락을 먹고, 아이스크림 수레가 있고, 풍선 파는 아저씨도 있었다. 그 사이로 깃털 고운 닭이 병아리들을 데리고 어디론가 부지런히 이동하고 있었다. 세계사 시간에 배운 간다라 양식인지, 비잔틴 양식보다 아이스크림 통 속이 궁금해졌다.
-아, 어쩐지 석굴암 같네.
왠지 부처님께 죄송해져서 가만히 중얼거렸다. 절도 올리고 고개 숙여 너무 욕심 맞지 않은 소원도 하나 빌었다.

왓우몽
Wat Umong

WAY 님만해민에서 쌩태우로 20여 분 소요
ADD 135 Moo 10, Suthep Rd.
TEL 085-033-3809
OPEN 7:00~17:00

고요한 미모사 향기 아래

반캉왓의 뜻은 사원 앞의 집. 바로 그 사원이 왓람쁭이다. 사원은 명상 센터로 이름난 곳으로, 관광객은 거의 없고 이따금 고양이가 느긋이 사원 안을 가로질러 갔다. 하얀 용과 미모사 꽃이 고요한 사원을 지켜보고 있었다.

왓람쁭
Wat Ram
Poeng

- WAY 반캉왓 빌리지에서 도보 5분
- ADD Tambon Su Thep, Amphoe Mueang
- TEL 053-278-620
- OPEN 7:00~17:00

달과 가까운 곳

주문한 커피를 받아들면 카페 뒷문을 통해 마당으로 나가게 된다. 그리고,
녹음이 우거진 호수를 만나게 된다.
시그니처 메뉴는 Gravity, 중력.
지구의 작은 한 편에서 우주를 느끼는, 이 시간.

아사마 카페
Asama
Cafe

WAY 반캉왓 빌리지에서 도보 20분, lake land 단지 내
ADD 122/128 Moo. 6 Klong Cholpratarn
TEL 081-530-5388
OPEN 8:00~16:00
CLOSE 매월 1일, 16일
WEB facebook.com/AsamaCafe

동네 최고의 국수가게

근사하고 화려한 식당도 좋지만 여행서에도 나오지 않고 조금 허름하고 손님은 동네 주민들 뿐인 로컬 식당에 가는 걸 좋아한다. 대개는 이런 집들의 음식 맛이 꽤 괜찮다. 한번 들렸다 가는 손님이 아니라 무려 몇 십 년 단골이 다니는 집이기 때문이다.
어쩌다 여기까지 온 거야, 재밌는 애들일세.
하는 듯한 표정의 주인 할아버지는 의외로 영어가 유창했다. 아마 우리처럼 어쩌다 거기까지 간 여행자들이 꽤 있는지도 모른다. 손님들이 국수 한 그릇 후루룩 먹고 나가는가 하면 빈 그릇 옆에 음료수 한 잔 놓고 담소를 나누고 있는, 다소 복잡하고 중구난방이지만 국왕을 사랑하는 게 분명한 주인의 취향이 잘 드러나 있는 빈티지 풍의 근사한 식당은 마음에 꼭 들었다. 국수가 맛있었기 때문이다.

빠이파 국수
ก๋วยเตี๋ยวปลายฟ้า

WAY 반캉왓 빌리지에서 도보 3분
OPEN 7:00~15:00

창밖은 아무도 보지 못한 숲

이런 데까지 찾아올까 싶은 곳에 묵었다.

밤이면 작은 야시장이 서는 세븐일레븐을 지나 큰길을 건너 진한 그늘을 드리우고 있는 아름드리나무 뒤로 뻗은 한적한 길을 따라 드문드문 서있는 집 몇 채를 지나고 나면 문가에 부겐빌레아가 핀 마당 넓은 집이 나온다. 쉽사리 넓이를 짐작할 수 없는 거실에는 안과 밖 구분 없이 바람과 햇살이 자유로이 넘나들었고 근사한 빈티지 가구가 보기 좋게 놓여 있었다. 소품은 좀 과하다 싶게 많았지만 집에 썩 잘 어울렸다. 우리 방은 2층, 복도 제일 끝에 있었다. 벽의 한 면을 온통 차지하고 있던 얇은 커튼을 젖히자.
아, 밖은 나만의 숲이 펼쳐진다.

캣 냅 홈스테이
Cat Nap Homestay

- W A Y 반캉왓 빌리지에서 도보 15분
- A D D 81/1 moo 6
  Leab-Klongchonlapatan Rd.
- T E L 053-811-680
- W E B 숙소 예약 사이트에서 예약 가능

엄마의 옷, 고양이와 집

반캉왓에 있던 좋아하는 가게가 자리를 옮겼다고 해서 찾아갔다. 어렵게 찾아갔지만 역시 잘 왔어, 라는 생각이 들었다. 수줍은 미소로 조용히 맞아주는 아가씨 낫이 꾸려 나가는 이 차분하고 아름다운 공간은 낫의 엄마가 만들고 낫이 염색한 고운 옷과 수제 자카 제품을 판다. 나무 조각으로 만든 올망졸망한 집 모형과 에나멜 장식품 등은 낫의 친구 비가 만든 것. 그리고 몇 마리인지 모를 고양이가 함께 산다. 햇살 잘 드는 가게 안을 작은 탄성을 지르며 둘러보다가 아름다운 쪽빛으로 물들인 원피스와 에나멜 브로치, 그리고 나무로 만든 집 모형 몇 개를 샀다. 포장마저 정성 가득한 봉투를 들고 나와서도 한동안 가게 앞을 머뭇거린다. 떠나기 아쉬울 정도로 좋은 곳. jibberish는 영어로 헛소리, 횡설수설 혹은 소녀들끼리만의 비밀 언어를 뜻한다.

지버리시
jibberish

WAY 반캉왓 빌리지에서 택시로 16분, 님만해민에서는 25분
ADD 230 Su Thep
TEL 086-252-9489
OPEN 10:00~18:00
CLOSE 목요일
WEB facebook.com/jibberish.shop

아름답고 행복해지는

'보이는 대로의 맛이 난다' 라는 지론을 가지고 있는 내게 이곳의 음식은 도무지 가늠이 안 됐다. 모네와 워홀과 쇼팽을 연상케 하는 아름답고도 독창적이며 청량한 플레이팅. 세상에, 밥마저 알록달록, 찬란하기 그지없다. 요리라기보다는 차라리 예술 작품에 가까워 보였다. 해서 직접 가보기로 했다. 너무 멀다며 고개를 절레절레 흔드는 운전기사를 몇 번 보내고 천신만고 끝에 도착했으나 오길 잘했다고 몇 번이나 중얼거렸다. 샤프란과 버터플라이피, 자스민 등으로 고운 색을 낸 밥과 태국식 요리를 맛볼 수 있는데 샐러드부터 수프와 커리, 채소, 생선과 해물, 고기 요리 등으로 메뉴가 수십 가지나 된다. 메뉴판의 사진을 보고 예쁘고 먹음직스러워 보인다는 이유로 선택했던 메뉴들은 모두 기대를 저버리지 않고 산뜻하고 아름답고 행복해지는 맛이었다. 고개를 들면 나무가 우거지고 그 아래 고요히 빛나는 연못이 보였다.

미나 라이스 베이스드 퀴진
Meena Rice Based Cuisine

WAY 반캉왓에서 택시로 20여 분 거리
ADD 32 Morakot Rd. Amphoe San Kamphaeng
TEL 087-177-0523
OPEN 10:00~17:00
CLOSE 수요일
WEB facebook.com/meena.rice.based

 —————————————————— Small Trip 02

한나절 매림 여행

긴 여행이 일상이 되어갈 때 즈음, 차를 빌려 외곽으로 달렸다. 숲과 끝없이 펼쳐진 완만한 산등성이, 그리고 거대한 호수와 온실. 상상하지 못했던 풍경과 마주한 순간, 가만히 설레기 시작했다.

구름 위의 점심

서늘한 산길을 달려 도착한 그곳은 도시가 저 아래 까마득히 보이고, 눈앞은 바로 하늘. 완만하게 펼쳐진 산등성이에 보라색 꽃이 흐드러지게 피어 있어 아마 천국이 있다면 바로 여기, 라는 생각이 들었다. 들리는 것이라곤 사람들의 나지막한 웃음 소리뿐. 산 아래 빙 둘러선 방갈로에 앉아 기쁨을 나누고 있었다. 그 중 하나에 자리를 잡고 음식을 주문했다. 어느 것이나 맛있어 웃음이 나왔다. 이대로 시간이 흘러 밤이 되면 별이 잔뜩 빛나겠지, 하고 이미 아름다운 풍경을 보면서 더 아름다운 장면을 상상하다니 욕심도 많다며 또 웃음이 나왔다.

몬쨈
Monchaem

W A Y   구시가에서 차로 30분
A D D   Mae Raem, Mae Rim District

남국의 온실

차는 깊은 숲으로 들어서고, 이국의 거대한 나무가 만들어내는 그늘 아래 온실이 있었다. 평소 보지 못한 나무의 모양과 남국에서 만난 온실. 낯선 것들이 모여 만든 비일상성에 가슴이 조용히 두근거렸다.

더 아이언우드
The Ironwood

WAY 구시가에서 차로 40분
ADD 592/2 Soi Nam Tok Mae Sa 8 Tambon Mae Raem
TEL 081-831-1000
OPEN 9:00~18:00
WEB facebook.com/theironwoodmaerim

바람이 드나들던 자리

크게 열린 문으로 나른한 햇살과 잔잔한 바람이 자유롭게 드나들고 있는 공간엔 그곳을 찬찬히 흐르는 음악 소리와 사람들이 이미 카페의 작은 구성 요소가 되어 가만한 시간을 보내고 있었다. 해가 지지 않았으면, 어릴 적 놀이터에서 빌던 소원을 나지막히 중얼거려 보았다.

통마스튜디오
Thongma Studio

WAY 구시가에서 차로 40분
ADD 592/2 Soi Nam Tok Mae Sa 8
　　　Tambon Mae Raem
TEL 087-925-6456
OPEN 10:30~18:00

물 위의 점심

치앙마이 시내에서 한 시간 정도 차를 달렸을 뿐인데 새울음 소리조차 멀어지고 주변은 고요해졌다. 호수를 둘러싼 방갈로 그늘 아래 앉아 있으니 세상이야 어떻게 돌아가든 상관 없다는 생각이 들었다.

훼이텅타오 호수 W A Y 구시가에서 차로 30분
Huey Teung   A D D Don Kaeo, Mae Rim District
Tao Lake

네 번째 여행

님 만 해 민

토요일 아침 열 시의 커피 같은

님만해민은 원래는 비교적 임대료가 싼 이 지역으로 젊은 예술가와 바리스타가 모여들어 자연스럽게 카페와 숍이 모인 거리를 이루었으나 임대료가 상승하면서 자본가들만 버틸 수 있게 되었다고 한다. 하지만 아직 아기자기한 맛이 있다. 개성 넘치는 갤러리와 서점, 골목마다 카페와 게스트하우스가 넘친다.
한번은 님만해민 거리를 걷는데 한국인 여행자가 말을 걸어왔다. 도대체 뭘 보아야할지 잘 모르겠다며 매우 난감한 표정을 지었다. 그 말을 듣고 우리도 난감해졌다. 님만해민을 어떤 곳이라고 얘기해야 할까. 근처 치앙마이대학교에 가서 힘들게 앙깨우를 찾아 호수를 잠시 바라보고 돌아오다 마침 후문 안에 열린 시장에서 코코넛주스와 찐빵을 사먹고 돌아온 날도 있었다. 하지만 대부분은 작고 예쁜 카페를 찾아갔고 서점에서 책을 구경하다 배가 고프면 국수나 구운 닭을 사먹었다. 그것은 일상에서 내가 즐겨 하는 일이다. 굳이 그런 것을 하려고 여행을 갔냐고 한다면, 모르겠다. 아마도 여행은 그런 게 아닐까. 같은 장소에 던져지지만 각자 다른 것을 보고 느끼고 즐기는 것. 그것을 아마도 취향이라고 할 것이다.
여행은 순간순간 선택의 과정이다. 그 과정에서 발견하는 것은 아마도 새로운 도시나 새로운 여행법이 아닐 것이다. 길든 짧든 여행에서 돌아온 당신은 전보다 자신에 대해 조금은 더 잘 알게 될 것이다. 적어도 자신에 대해 세심하게 귀 기울이는 여행자가 되어, 돌아올 것이다.

map

① 펭귄 게토
② 꼬프악 꼬담
③ 동마담
④ 쏨땀 쏠라오
⑤ 마야 쇼핑몰
⑥ 싱크 파크
⑦ 플레이웍스
⑧ 란 라오
⑨ 북 스미스
⑩ 퀴티아오 탐룽
⑪ 구 퓨전 로띠 & 티
⑫ 리스트레토
⑬ 몬놈솟 토스트
⑭ 더 바리스트로
⑮ 더 크래프트 님만 호텔
⑯ 느어뚠 롯이얌
⑰ 위치옌부리
⑱ 떵
⑲ 아르텔 님만 호텔
⑳ 갤러리 시스케이프
㉑ 플라워 플라워 슬라이스
㉒ 베드 님만 호텔
㉓ 란나 트래디셔널 하우스 뮤지엄
㉔ 카페 드 미아
㉕ 로열 프로젝트 숍
㉖ 치앙마이대학교
㉗ 반 이터리 카페
㉘ 아카아마 산티탐점
㉙ 앤트 아오이 키친
㉚ 타닌 시장

마담 미아의 비밀찻집

-자, 이제 드세요.
조르르 차가 부어진다. 말간 차가 찻잔에 찰랑거린다. 향긋하게 우러난 차 한 모금. 그리고 정원에 떠도는 오후의 마지막 햇살처럼 부드러운 마들렌을 한 입 베어 무는 순간.
어쩐지 그립고도 아름다운 기억이 떠오를 것만 같았다.
이상하고도 신비롭고 아름다운 것으로 가득 차 있던 카페 드 미아.
조용히 새 소리가 들려왔다.

Or the' cafe' WAY 란나 트래디셔널 하우스 뮤지엄 매표소 내
De M' ia   ADD 239 Huay Kaew Rd.
카페 드 미아   OPEN 11:00~18:00

아침을 기다리는 시간

길가로 향한 문 근처에 자리를 잡았다. 살금살금 다가온 햇살이 접시에 닿아 사색 고운 커스터드 크림 위에 찰랑였다. 온기가 남아있는 빵을 파스텔색 크림에 살짝 담근다. 부드러운 아침이 입안에 퍼졌다.
맛이 깔끔한 국수 한 그릇까지. 충만한 아침을 맛보았다.

<u>꼬프악 꼬담</u>
<u>โกเผือกโกดำ</u>

W A Y MAYA몰에서 도보 15분,
A D D Chang Phueak
O P E N 7:30~14:00
C L O S E 화요일

여행자의 공간

여행자를 위한 이 하얗고 간결한 공간에서 간소함에 대해 생각해 본다. 우리는 불필요한 것에 너무 많은 자리를 내주느라 정작 필요한 공간을 잃은 건 아닐까. 몸을 씻고 쉴 수 있는 데에 최적화된 최소한의 공간이 별로 불편하지 않다. 그보다 우리에게 필요한 것은.
바람과 빛이 드나드는 너른 창 하나와 그 창문 너머를 바라볼 수 있는 잠시의 시간.
심플함이 주는 매력을 유감없이 보여주는 이곳은 재활용품을 이용한 업사이클upcycle호텔이다. 님만해민의 유니크한 건물, 시스케이프 갤러리의 디자이너가 지었다. 디자이너의 트레이드마크인 둥근 창과 컬러 포인트, 이층과 아래층을 잇는 유선형의 기다란 미끄럼틀은 이 아름다운 건물에 위트와 여유를 더한다.

가볍게 떠나 가볍게 돌아오고 싶다. 간소한 가방에 여행의 기억만을 담고 산뜻하게.

아르텔 님만 호텔
The Artel
Nimman Hotel

- WAY 님만해민 소이 13 중간
- ADD 40 Soi 13 Nimmanhaemin Rd.
- TEL 053-213-143
- WEB facebook.com/TheArtelNimman

플라워 플라워
슬라이스
Flour Flour slice

WAY 님만해민 소이 17 중간
ADD Nimmanhaemin Soi 17
TEL 092-916-4166
OPEN 8:30~16:00
WEB flourflour.cafe

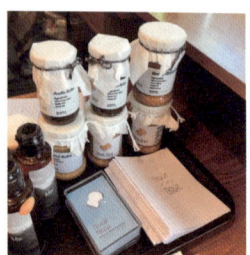

빵모닝

아침을 먹으러 일찍 문을 연 작은 카페의 창가 자리에 앉는다. 창밖은 아무도 쓰지 않은 신선한 햇살과 공기. 작은 공간 안은 갓 구워진 빵과 커피 향이 떠다닌다. 조용하지만 충실한 아침의 시작. 공간이 나눠주는 좋은 기운. 빵에게 받는 다정한 위로. 플라워 플라워 슬라이스는 건강한 재료로 만든 샌드위치와 직접 구운 빵을 판다. 빵은 인기가 좋아 늘 일찍 솔드아웃된다.

앨리스의 이상하고 아름다운 다과회

꽃이 가득 핀 작은 정원을 지나 고개를 살짝 숙여 들여다본 작고 하얀 집 안에는 잠자리 날개 같은 레이스 커튼 사이로 여왕의 탁자를 둘러싸고 모자 장수와 사월의 토끼와 잠쥐, 그리고 핑크 플라밍고가 날개를 고이 접고 앉아 다과회를 열고 있었다. 나른한 햇살과 야릇한 향내. 소르르 잠이 밀려왔다. 꾸벅 졸다 고개를 드니 테이블 위에는 우아한 티포트와 오월의 꽃과 칠월의 햇살로 장식된 케이크가 놓여 있었다. 동화의 한 장면 그대로였던, 이상하고 아름다운 찻집.

동마담
Dony Madame

WAY 치앙마이 대학교 후문에서 도보 10분
ADD Soi 12 Ban Mai Lang Mo
TEL 083-575-1373
OPEN 13:00~16:00, 18:00~20:30
CLOSE 화요일
WEB facebook.com/DongMadame

유리로 만든 집

사방이 유리로 지어진 카페에는 말간 햇살이 깊숙이 스며들어 있었고 우리 테이블에는 고양이 한 마리가 동석했다. 실은 우리가 앉기 전부터 자리를 차지하고 잠들어 있던 고양이. 실례, 라고 작은 목소리로 말을 걸어도 가만히 털을 쓸어보아도 꿈쩍도 하지 않는다. 고양이 이름은 냄. 이름의 뜻을 묻는다는 게 깜빡 잊었다. 그런 곳이었다. 목 뒷덜미가 간질거리고 눈꺼풀이 무거워지고 의식이 몽롱해지고 기억이 가물가물해지는 곳. 어렴풋이 기억나는 건 주위를 의식하지 않고 조용히 자신의 일에 몰두하고 있는 학생들과 맛있었던 타이 티와 코코넛케이크, 비둘기 빛 커튼에 어른거리던 그림자, 우리 주위를 떠돌던 햇살, 고양이의 낮잠처럼 달콤한. 꿈에는 혹시 생선 같은 게 나왔을까. 근사한 반 이터리 카페는 치앙마이 대학교 학생들이 지었다고 한다.

반 이터리 카페
The Barn :
Eatery Design

WAY 님만해민에서 썽태우로 5분, 왓수언독 뒤
ADD 14 Srivichai Suthep
TEL 094-049-0294
OPEN 10:00~1:00
WEB facebook.com/thebarnchiangmai

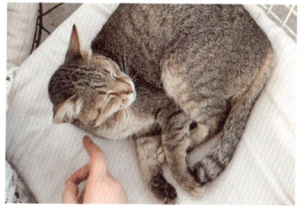

자유로운 영혼들의 휴식처

님만해민 거리 한편, 주변보다 몇 도 낮은 듯한 서늘한 곳. 주위에 짙푸른 초록 그늘을 드리운 숲처럼.
아티스트 헌Hern이 자신과 예술가 친구들을 위해 지은 아름다운 뜰이 있는 독특한 건물은 누구에게나 열려있는 아트커뮤니티 스페이스로, 숍과 카페, 갤러리, 작가 스튜디오 등이 모여 있다. 태국인은 물론 외국인 아티스트의 전시가 매월 바뀌며 열린다. 건물의 둥근 창문은 헌의 트레이드마크. 넝쿨이 늘어진 둥근 창 너머로는 시스케이프 갤러리의 이니셜에 건물의 길이를 숫자로 붙인 SS 1254327이라는 이름의 근사한 카페가 있다.

갤러리
시스케이프
Gallery Seescape

WAY	님만해민 소이 17
ADD	22/1 Soi 17 Nimmanhaemin Rd.
TEL	093-831-9394
OPEN	11:00~20:00
CLOSE	월요일
WEB	facebook.com/galleryseescape

북 스미스
The Book Smith

WAY 소이 3 입구
ADD 11 Nimmanhaemin Rd.
TEL 061-625-9624
OPEN 10:00~22:00
WEB facebook.com/the-booksmithbookshop

도시를 읽는다

낯선 도시에서 서점에 가는 것을 즐긴다. 단 한 줄도, 아니, 한 단어도 읽지 못하지만 책을 들고 그 도시의 주민이 되는 양 굴어본다. 물론 겨우 흉내 일 뿐이다. 고작 며칠을 머물다온 도시를 이해하는 것은 불가능하다. 도시를 '파악한다' 기보다는 '느낀다' 는 정도일 것이다. 그것은 읽을 수 없는 책을 들여다보는 것과 비슷하다. 마음에 끌리는 책 한 권을 꺼내들고 무게를 감지하고 표지의 질감을 느껴보고 이국적인 일러스트와 색감에 매료되어 한 장 한 장 넘기며 나열된 글자에 담겨 있는 세계를 상상해 보는 것이다. 그렇게 도시를 읽는다.
북 스미스는 아트북과 독립 출판물이 많아 눈이 즐거웠다. 책을 몇 권 샀다. 내게 태국어로 쓰인 제인 오스틴의 소설책과 일본어로 쓰인 치앙마이 여행서가 생겼다.

란 라오
Ran Lao

WAY 소이 1 입구 대로변
ADD 8/7 Nimmanhaemin Rd.
TEL 053-214-888
OPEN 12:00~23:00
WEB facebook.com/ranlao-bookshop

우리의 여행 같은

오늘의 기쁜 일 -
란 라오에서 원하던 책을 구입했다!

태국어로 쓰인 책의 제목의 뜻을 묻자 주인이 잠시 생각하다 대답했다.
-이건 한 단어로 설명하기 힘들어요.
마치 우리의 여행 같구나, 라며 웃었다.
화분과 작은 탁자를 빨간 색 문 앞에 내다 놓은 작은 서점은 하나 있었으면 좋겠는 동네 친구 같은 느낌이다. 집에 돌아가는 길에 불러내면 같이 밥 먹어 주는, 혹시 밥을 먹었더라도 한 번 더 먹어주는, 굳이 대화 거리를 찾거나 뭔가 하지 않고도 편안한 친구. 님만해민에 머무는 동안 심심하면 란 라오에 들렀다. 읽지 못하는 책이 대부분이지만 하나도 지루하지 않았다. 그저 그 안에 있는 것만으로 기분 좋은 작은 설렘이 느껴지고 동시에 편안했다. 그것이 아마도 좋은 서점이 갖춰야할 미덕일 것이다. 란 라오는 태국어로 '말하다' 라는 뜻이다.

더 바리스트로
The Baristro

- WAY 님만해민 소이 9
- ADD 7/2 Soi 9 Nimmanhaemin Rd.
- TEL 092-545-8855
- OPEN 8:00~20:00
- WEB facebook.com/thebarisotelbythebaristro

포토제닉한 카페

온통 하얗고 미니멀한 카페에는 치앙마이 멋쟁이들이 다 모여 있었다. 군더더기 없는 이 공간의 가장 드라마틱한 장식품은 햇살. 독특한 커피 종류가 많아 고민 끝에 주문한 커피는 대담한 열대의 맛.

기분 좋은 하룻밤

-슬리퍼는 여기, 드라이어는 여기, 그리고 방에 있는 건 뭐든 드셔도 돼요. 나도 모르게 고맙습니다, 하고 말하고 말았다. 그래서 방을 뒤져 찾아낸 건 세 가지 종류의 과자와 우유와 음료수, 초콜릿 등등. 작은 친절에 감동해 버린다. 군것질거리는 맥주 안주로 내내 잘 먹었다. 더 크래프트 님만 호텔은 스타일리시하다. 가구와 조명, 거울, 벽에 건 그림 하나하나까지 세심하게 고른 흔적이 엿보인다. 님만해민의 중심에 위치해 있지만 멀리 산이 바라보이는 테라스에서 아침을 맞으며 조용히 휴식을 취할 수 있었다. 샌드위치와 과일, 커피가 아침으로 살뜰하게 준비된다.

더 크래프트 님만 호텔
The Craft Nimman

WAY 님만해민 소이 9
ADD 10 Soi 9 Nimmanhaemin Rd.
TEL 053-217-996
WEB www.thecraftnimman.com

간판 없는 까이양집

거리에는 햇살의 냄새와 부겐빌레아의 화사한 향과 열대 과일의 냄새와 잘 마른 빨래 냄새와 코코넛 나무 그늘 냄새와 건기의 먼지 냄새와 썽태우와 자동차의 매연과 노랗게 떨어지는 릴리와디의 쓸쓸한 냄새가 밀도 높은 공기 속에 붕붕 떠다녔다. 그리고 통닭 굽는 냄새가 났다. 냄새가 나는 곳으로 들어가지 않을 도리가 없었다.
야들야들한 까이양 한 접시, 같이 주문한 쏨땀이 나오기도 전에 뼈만 남았습니다.

위치엔부리
wichian buri
grilled chicken

WAY 님만해민 소이 11
ADD Soi 11 Nimmanhaemin Rd.
TEL 086-207-2026
OPEN 10:00~16:00

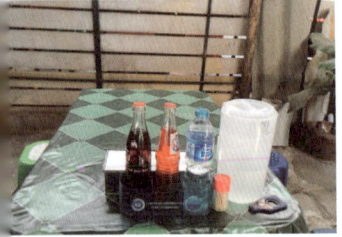

연기의 유혹

그처럼 자기주장이 강하며 매혹적이기는 쉽지 않다. 매력은 치명적이고 한 번 사로잡히면 헤어나기 힘들다. 떵이라는 식당 이야기다. 저녁이면 골목 안에 연기가 자욱해진다. 길치인 우리도 헤맬 확률 영 퍼센트. 맛있는 냄새를 따라간 가게 앞에는 긴 줄이 늘어서 있다. 번호표를 받고 기다려야 한다. 뭘 그렇게까지, 하다가도 숯불에 구워지고 있는 고기를 보면 안달이 난다. 줄 서는 게 싫다면 비교적 한산한 점심시간에 찾는 것이 좋다. 점심에는 숯불 바비큐는 없지만 태국 북부 요리를 즐길 수 있다. 돼지껍질튀김과 소시지, 채소 등에 태국식 쌈장인 남픽눔과 남픽엉을 곁들인 어더브 므앙과 돼지고기 커리인 깽항래를 먹었는데 어느 것이나 혀에 착착 감겨 전생에 나는 태국인이었나 하는 생각이 들었다.

우리는 매번 연기의 유혹에 굴복한다. 사실 싸워볼 생각조차 하지 않는다. 배부르고 평온한 밤이다.

떵
Tong
Tem Toh

WAY 님만해민 소이 13
ADD 11 Soi 13 Nimmanhaemin Rd.
TEL 053-894-701
OPEN 11:00~23:00

태국 엄마의 손맛

좋아하는 쏨땀과 수박주스를 실컷 먹겠다는 야무진 계획 하나 챙겨왔으니 무려 가게 이름에 쏨땀이 들어가는 식당이라면 달려가지 않을 수 없다.

쏨땀은 채 썬 그린파파야를 빻은 고추와 마늘, 액젓과 라임즙 등으로 버무린 샐러드, '태국식 즉석김치'다. 언젠가 시장에서 쏨땀 만드는 과정을 지켜본 적이 있다. 파파야 많이, 생새우와 게는 빼고, 살짝 매운 듯 안 맵게, 라고 우리가 손짓, 발짓으로 먹고 싶은 것을 간절하게 표현하자 인상 좋은 아줌마는 접수! 라고 말하듯 푸근한 미소를 지어 보인 뒤 고추와 마늘, 건새우 등을 절구에 넣고 콩콩콩 빻기 시작했다. 쏨땀 만드는 법을 숙지하고 만들어 먹어야겠다는 생각은 대번에 사라졌다. 인터넷에서 뽑은 최고의 레시피로 담근 김치가 엄마의 김치 발끝에도 못 미치듯, 쏨땀은 태국 엄마의 손맛으로 만들어지는 음식이었던 것이다.

사진이 곁들여진 메뉴판을 한참 본다. 쏨땀의 종류가 이렇게 많다니 행복해서 메뉴판을 훔쳐가고 싶을 정도다. 고민 끝에 결국 기본 맛의 쏨땀을 택한다. 쏨땀에 어울리는 까이양도 한 접시 주문한다. 물론 쏨땀도, 고기도 한 접시 더 먹었습니다.

쏨땀 쏠라오
Som Tam
Solao

WAY 소이 7 길 끝
ADD 43 Siri Mungkalacham Rd.
TEL 053-212-787
OPEN 10:00~20:30

오래된 국수 가게

저 집은 틀림없이 맛있을 거야. 그런 포스가 꽉꽉 느껴졌다. 세련된 님만해민과 어울리지 않는 소박한 외관의 국수집에 끌렸다. 할아버지가 국수를 끓이고 딸과 손녀가 반찬을 만들고 손자들이 손님을 맞는다. 가게의 이름을 딴 메뉴인 퀴티아오 탐룽과 태국 북부의 대표적인 국수인 카오소이를 주문했다. 우리의 손짓발짓에 할아버지는 진짜 할아버지 같은 인자한 미소를 지으며 국수를 뚝딱 말아줬다. 40바트짜리 국수 한 그릇에 고기가 가득. 탐룽이라는 채소를 넣은 국물은 시원하면서 입에 착 감긴다. 국수를 먹는 동안 주민들이 문 앞에 조르르 놓여있는 냄비 뚜껑을 열어보고 밥과 반찬을 사간다. 궁금해서 앞에서 얼쩡거리니 주인이 냄비 뚜껑을 일일이 열어 구경시켜주었다. 커리와 채소 볶음, 고기 요리 등 다양한 반찬들이 모두 맛있어 보여 한참 입맛을 다셨다.

퀴티아오 탐룽
Kuay
Teaw Tamlung

WAY 님만해민 소이 14
ADD 14 Soi 1
 Nimmanhaemin Rd.
TEL 053-224-741
OPEN 8:30~15:00
CLOSE 매월 1, 2, 15, 16일

터프한 국수 한 그릇

하루 종일 먹고 먹고 또 먹었으니 저녁은 가볍게 먹자, 하고 국수를 먹으러 갔다. 박력 넘치는 아줌마가 메뉴판을 보여주며 어떻게 하는지 알겠지? 하는 얼굴로 주문지와 연필을 주고 간다. 사진 옆에 적힌 한국어 설명을 보며 면과 고명, 사이즈를 선택해 주문지에 적자 아줌마가 오케이 하는 표정으로 낚아채 갔다. 금세 국수가 턱 나온다. 간장 베이스로 고기를 넣고 푹 곤 국물을 '뚠'이라고 한다. 쇠고기를 넣고 끓이면 느어뚠, 돼지고기는 무뚠, 닭고기는 까이뚠이다. 쇠고기 고명, 피시볼, 카오소이. 골고루 시켜본 국수는 터프한 스타일이다. 한입 맛보니 진하고 강하다. 국수도, 분위기도 터프한 가게에서 박력 넘치게 국수 한 그릇 뚝딱하고 나왔다.

느어뚠 롯이얌
Neau Toon
Rod Yiam

W A Y 님만해민 소이 11 골목
　　　초입에서 직진
A D D Soi 11 Nimmanhaemin Rd.
T E L 089-700-3479
O P E N 10~20:00

라떼 챔피언의 커피

라떼아트 월드 챔피언십 우승자가 태국 사람들에게 진짜 커피 맛을 맛보게 하고 싶다는 생각에 오픈했다는 커피 가게. 님만해민 최고의 핫플레이스답게 빈자리 찾기가 어렵다. 하지만 그 북적임 속에서도 서빙은 정확하며 친절하고 가게 안은 활기가 넘친다. 섬세한 라떼아트로 풍성한 우유 거품을 올린 커피는 한 모금 마시자 탄탄하다는 생각이 들었다. 화려한 라떼아트를 보고 싶다면 시가레또와 플랫화이트를. 리스트레또의 영업시간은 재밌게도 7:08~18:08. 가까운 곳에 2호점 Ristr8to Lab도 있다.

리스트레토
Rist8to

- WAY 님만해민 중앙 대로변
- ADD 15/3 Nimmanhaemin Rd.
- TEL 053-215-278
- OPEN 7:08~18:08
- WEB www.ristr8to-coffee-chiangmai.com

부드럽게 퍼지는 행복

로띠 마차를 보면 언제나 달려갔다. 달궈진 넓은 팬 위에 반죽을 부어 얇게 부쳐낸 로띠를 그대로 조금 심심하게. 혹은 누텔라를 살짝 바르고 얇게 썬 바나나를 올려 디저트로, 군것질로, 심심풀이로 먹었다. 로띠를 먹을 때는 칼로리 계산 같은 건 잊어야 한다. 님만해민에는 방콕에 분점을 낼 정도로 인기인 로띠 가게가 있다. 밤늦게까지 불을 밝히고 가게 안에는 사람들이 가득 차 있어 늘 궁금했다. 구 로띠는 토핑만 수십 가지인데 생크림을 올린 디저트 타입이 인기, 다진 돼지고기볶음인 팟 끄라파오 등을 올린 독특한 로띠도 있다. 차를 무료로 제공한다. 담백한 차 맛이 로띠를 부르고 로띠가 차를 부르고 차가 다시 로띠를 부르고. 끊을 수 없는 로띠의 고리.

구 퓨전 로띠 & 티
Guu Fusion
Roti &Tea

WAY 님만해민 입구, 마야 쇼핑몰에서 도보 3분
ADD 15/4 Soi 3 Nimmanhaemin Rd.
TEL 082-898-8992
OPEN 9:30~1:30
WEB facebook.com/guufusionrotiandtea

밀가루와 달걀, 마법의 우유 한 스푼

몬놈솟은 '마법처럼 신선한 우유'라는 뜻. 1964년 방콕에 문을 연 우유 가게 '몬Mont'은 우유와 함께 태국식 토스트를 판매하며 선풍적인 인기를 끌게 되었다. 방콕 외에는 치앙마이에 유일하게 지점이 있고 모두 가족이 운영하고 있다. 두툼한 식빵을 노릇하게 구워 그 위에 설탕을 흩뿌린 이 단순한 음식의 맛은 바로 그 단순한 기쁨의 맛에 있다. 한입 베어 물자 으음, 하는 소리가 절로 난다. 연유를 살짝 뿌린 것도, 초콜릿을 듬뿍 바른 토스트도 물론 맛있었다. 여행에서 돌아온 다음에도 간혹 생각나 흉내 내보려 해도 절대 그 맛이 안 난다. 아마 그것은 여행에서만 만나는 마법의 맛. 다정한 젖소가 도와준.

몬놈솟 토스트
Mont Nom Sod

WAY 님만해민 중앙 대로변
ADD 45/1-2 Nimmanhaemin Rd.
TEL 053-214-410
OPEN 15:00~23:00
WEB mont-nomsod.com

도심 속 작은 휴식

샤넬 고양이와 함께 눈길을 끄는 또 하나의 인형, 캡틴 모자를 쓴 땅딸막한 아저씨가 바로 싱크 파크를 만든 태국의 유명 사업가 미스터 탄이다. 싱크 파크는 호텔과 디자이너 숍, 카페, 바, 레스토랑이 모여 있는 쇼핑몰에 예술적 감성을 불어넣은 복합 예술 공간이다. 아름드리나무가 넓은 그늘을 드리운 광장은 공원처럼 도심에 여유를 준다. 작지만 세련된 숍들에서는 주로 개성 넘치는 신진 디자이너들의 수공예품을 판매한다. 밤이면 광장 가득 작은 전구를 밝히고 작은 공연이 열리거나 예술가들의 노점이 서기도 한다.

싱크 파크
Think Park

WAY 님만해민 입구
ADD Think Park, Huaykaew Rd.
TEL 087-660-7706
OPEN 10:00~24:00 (매장마다 다름)
WEB facebook.com/thinkparkchiangmai

백화점 옆 야시장

마야는 지하에 대규모 슈퍼마켓과 푸드 코트, 1층부터는 의류와 잡화, 각종 태국 브랜드가 가득하며 옥상에는 바와 근사한 레스토랑이 있는 현대적인 쇼핑몰. 마야에서 나온 우리는 바로 옆 골목에서 열린 야시장에 갔다. 현대적인 건물 바로 뒤에서 야시장의 꼬치 굽는 연기가 자욱하게 피어났다. 야시장은 매일 밤 열린다.

마야 쇼핑몰
Maya Lifestyle Shopping Center

- WAY : 님만해민 초입, 싱크 파크 맞은편
- ADD : 55 Moo 5 Huay Kaew Rd.
- TEL : 052-081-555
- OPEN : 10:00~22:00
- WEB : www.mayashoppingcenter.com

밤의 고양이, 테니스코트의 소녀

선데이 마켓에서 독특한 가판대를 발견했다. 테니스하는 소녀의 경쾌한 모습이 수놓인 에코백과 새치름한 고양이 일러스트가 프린트된 브로치와 나른하면서도 도도한 표정의 여자 얼굴이 자수된 패브릭 브로치 등에서 한동안 눈을 떼지 못했다. 매장과 온라인 숍이 있다며 판매자가 친절하게 건네준 명함을 받았다. 그렇다. 에코백을 샀다. 브로치도 몇 개 사고 말았다. 내 무소유는 늘 마음과 말뿐이고 지갑을 여는 동작은 빛의 속도보다 빠르다.

플레이웍스는 젊은 그래픽 디자이너 Aun과 친구인 자수 디자이너 Wut가 만든 로컬 브랜드다. 태국 북부의 고산족과 치앙마이의 자연과 동물, 문화와 라이프스타일 등을 모티브로, 섬세하고 감각적인 일러스트와 자수로 표현한 유니크한 제품을 선보인다. 에코백뿐 아니라 다양한 프린트와 자수가 새겨진 파우치, 지갑, 여권케이스, 스카프, 브로치와 액자 등의 잡화와 포스터와 엽서 등을 판매한다. 싱크 파크 안에 있는 플레이웍스 숍에 들어서마자 마음이 두근두근해졌다. 고양이와 소녀, 플라밍고와 꽃. 가게는 내가 좋아하는 것으로 가득 차있다. 치앙마이의 젊은 디자이너의 감각을 한번 구경하러 가는 것일 뿐, 절대 무소유를 다짐하고 또 다짐했지만 언제나처럼 손은 마음보다 빠르다.

플레이웍스
PLAYWORKS

WAY 싱크 파크 안
ADD Nimmanhaemin
Mueang Chiang Mai District
TEL 084-614-7226
OPEN 11:00~22:00
(일요일 13:00~22:00)

낯선 곳에서의 친절은

과도한 친절보다는 데면데면한 게 낫다는 취향인데 여행지에서는 생각이 좀 달라진다.

베드 님만 호텔의 환대는 적극적이다. 눈이 마주치면 늘 미소 짓고 불편한 건 없냐, 도와줄 건 없냐고 묻는다. 인심도 좋다. 호텔 내 곳곳에 비치된 대형 냉장고 안에는 늘 차가운 물과 과일이 잔뜩 쌓여 있고 커피와 스낵 등도 떨어지는 법이 없다. 수시로 다섯 가지 종류의 아이스크림이 담긴 쟁반을 들고 돌아다니며 권한다. 모자람 없는 조식을 풀사이드의 작은 테이블에서 먹었다. 늘 만실이고 단체 관광객도 묵어 다소 소란스러웠지만 그마저도 너그러워지고 만다. 낯선 곳에서의 친절은 마음을 말랑말랑하게 만든다.

베드 님만 호텔
BED Nimman Hotel

WAY 님만해민 소이 20, 아이베리 카페 근처
ADD 20 Soi Jum Phee Sirimangkalajarn Rd.
TEL 053-217-100
WEB bed.co.th

조용히 가슴이 뛰는 순간

-랑머!

이 낭랑한 단어를 한동안 입에 달고 살았다. 랑머, 랑머. 방울 구르는 소리처럼 경쾌한 이 단어의 뜻은 '후문'. 우리는 랑머를 외치고 썽태우에 올라타 치앙마이 대학교 후문으로 갔다. 우리 집마냥 자주 갔다. 뭐 그리 갈 일이 많았냐 하면. 그냥 별 일 없이도 갔다.

-This is not for FOREST.

셔틀 버스 운전기사가 단호한 표정으로 말했다. 치앙마이 대학교는 매우 넓어서 학생들은 학교 안에서 셔틀 버스를 이용해 이동한다. 단어를 착각한 운전기사 덕에 우리는 숲으로 오해된다. foreigner가 아닌 forest가 되어 학교 안을 걷기 시작한다. 우리는 앙깨우를 찾고 있다.

치앙마이 대학교
Chiang Mai
University

W A Y 님만해민에서 썽태우로 5분
A D D 239 Huay Kaew Rd.
T E L 053-941-300
O P E N 8:00~19:00
W E B www.cmu.ac.th

아앙깨우, 앙깨애우, 앙깨우우. 성조가 있는 태국어는 노래 같다. 앙깨우란 단어는 어느 음절을 높여 말해야 할지 몰라 발음을 달리 시도하며 길을 묻는다. 앙깨우는, 혹은 아앙깨우는, 아니면 앙깨우우는 좀처럼 나타나지 않는다. 학교는 너무도 넓다 못해 광활해서 산을 넘고 냇가를 건너 고양이도 만나고 개도 지나고 떡 하나 달라는 호랑이를 만나기 직전 드디어.

앙깨우!

조용히 바람이 일렁이자 호수 위에 푸른 비늘이 잔잔히 반짝였다.
눈을 드니 푸른 하늘이 서서히 붉은 빛으로 물들고 있었다.

로열 프로젝트 숍
Royal Project Shop

WAY 치앙마이 대학교 후문
ADD Chiang Mai Outer Ring Rd.
TEL 053-211-613
OPEN 8:00~18:00
WEB royalprojectthailand.com

클로티드 크림과 딸기잼의 아침

태국 왕실에서 운영하는 숍이 치앙마이 대학교 안에 있다. 랑머를 외치고 썽태우를 탔다.

1960년대 말까지 태국 북부의 고산족은 아편 농사를 지으며 빈곤하게 살았다. 푸미폰 국왕은 고산족에게 아편 대신 고소득 작물을 재배하게 함으로써 새로운 생계수단 마련과 산림 보호까지 도모했다. 이른바 로열 프로젝트. 왕실 재단이 직접 유기농 농산물의 재배 교육과 함께 재배, 유통, 판매에 걸친 모든 과정에 참여하는 사업인데 생산된 작물을 판매하는 매장이 전국적으로 퍼져 있다.

치앙마이 대학 내에도 로열 프로젝트 숍이 있다. 숍의 한쪽에는 채광이 좋은 카페가 딸려 있고 차와 브런치를 판다.

갓 구운 스콘에서 아침 별 냄새가 났다. 클로티드 크림과 딸기잼을 발라 한 입 베어 문다. 입 안에서 아침 조각이 부서지며 부드럽고 달콤한 맛이 햇살처럼 퍼져 나간다.

볕 좋은 시장

로열 프로젝트 숍 앞에서 종종 유기농 마켓이 열린다. 볕에 드러난 과일 빛깔이 보석보다 곱다. 욕심이 나서 제일 예쁘고 싱싱한 것을 골라 하루 종일 가방에 넣고 돌아다니다 물렁해진 과일을 밤에 숙소의 침대에서 먹었다. 그래서 가방에는 늘 조금은 시든 과일 냄새가 배어 있었다. 토요일 오전, 볕이 좋았던. 시장은 늘 좋다.

 타임 슬립의 여행

아트센터에서 이어지는 산책길은 오래된 나무가 너른 그늘을 드리우고 잔디가 단정하게 깔려 있어 참 좋았다. 그 사이로 란나 전통 가옥이 몇 채 수수하게 서있었다. 다음날 아침 산책을 하러 다시 들렀는데 어제 오후 울타리 너머로 본 고즈넉한 풍경은 온데간데없고 이게 웬걸, 성대한 축제가 열려 있었다. 알고 보니 그곳은 '란나 트래디셔널 하우스 뮤지엄'. 1년에 한 번 열리는 전통문화체험 축제가 하필이면 우리 눈앞에 딱 펼쳐진 것이다. 고산지대에서 전통 문화를 지키며 살아가고 있는 소수민족들이 음식, 주거, 의복, 수공 작업 등의 다양한 삶의 모습을 재현해 보여줬다. 유쾌한 떠들썩함, 넉넉한 인심, 이방인에게 보내주는 친절. 주뼛거리던 우리도 흥성거리는 축제에 자연스레 흡수됐다.

최고의 스타는 스프링롤을 만들어주는 어여쁜 언니. 만드는 내내 어찌나 열렬한 눈빛을 보냈는지 완성된 음식을 우리에게 제일 먼저 건네주었다. 그 외에 숯불에 구운 주먹밥과 차가운 된장국, 국수, 꼬치 등을 쉴 새 없이 얻어먹고 배가 터질 듯한 상태로 겨우 그곳을 빠져나올 수 있었다. 지금 생각해도 꼭 홀린 듯 신기한 시간이었다. 춤도 좀 췄던 것 같다.

란나 트래디셔널
하우스 뮤지엄
Lanna Traditional
House Museum

- WAY 치앙마이 대학교 후문 부근
- ADD 239 Huay Kaew Rd. Muang District
- TEL 053-943-626
- OPEN 8:30~16:30 (토·일요일 9:00~16:30)
- FEE 20바트
- WEB art-culture.cmu.ac.th

여름 나라의 펭귄

차가 달리는 익숙한 길을 걷다 갑자기 주위가 고요하고 서늘해지는가 싶더니 눈 안쪽이 환해지며 어디론가 쑥 빨려 들어갔다. 정신을 차리고 보니 처음 보는 낯선 곳에 와 있었다. 넓은 초록 잎이 무성한 골목 안쪽에는 동화 속 집 같은 건물이 하늘을 빨아 넌 듯한 천과 꼬리 깃털이 긴 닭이 거니는 텃밭과 노란 줄무늬 고양이의 이삿짐 사이에 무심히 서있다. 다른 차원의 세상으로 빠져든 것 같은 묘하고도 아름다운 작은 마을, 펭귄 빌라. 디자인과 예술, 자연, 느리지만 가치 있는 삶을 소중히 하는 사람들이 마음을 모아 지은 펭귄 빌라에는 작은 카페와 공방, 잡화점 등이 사이좋게 모여있다. 마을의 이름은 만화 <닥터 슬럼프>에 나오는 가상의 공간, '펭귄 빌라' 에서 따온 이름이다.

언제나 여름의 태양이 이글대는 열대의 나라에는 사계절 대신 우기와 건기가 있다. 펭귄은 없지만 펭귄 게토가 있다. 시그니처 메뉴인 코리코리펭귄(코리코리란 일본어로 '오도독오도독'이란 뜻)을 주문하고 고양이의 자리를 나누어 앉았다. 진한 에스프레소 아이스큐브에 따뜻한 우유를 부어먹는다. 서로 다른 온도의 고체와 액체가 쨍하게 부딪친다. 쓰고 부드러운 맛이 입 안에서 섞여 태양이 넘실거리는 파도처럼 퍼져나간다. 눈이 반짝, 하고 커진다. 펭귄이 춤추고 있다. 고양이가 느긋하게 기지개를 켰다.

펭귄 게토
Penguin
Ghetto

WAY 님만해민에서 도보 20분
ADD 44/1 Moo 1 Klong Chonlprtam Rd.
TEL 089-183-3224
OPEN 8:00~20:00
WEB facebook.com/PenguinGhetto

숲과 시간의 커피

아카는 소수 민족인 아카족의 이름, 아마는 아카족 말로 엄마라는 뜻이다. 아카족의 청년 리 아유Lee Ayu는 마을에서 유일하게 대학교육을 받고 치앙마이에서 NGO 활동을 하며 커뮤니티의 공동 발전에 대해 생각하기 시작했다. 가난에 시달리는 아카족을 돕기 위해 원두를 재배하고 그 원두로 만들어낸 브랜드가 바로 아카아마다. 아카아마 매장에선 아카족이 재배한 원두를 매일 다양한 배전 강도로 볶아 손님들을 맞이하고, 해외로 수출해 아카족의 자립을 돕는다. 산티탐점이 본점, 왓프라싱에 2호점이 있다. 골목 안쪽에 위치한 산티탐점은 찾기 좀 어려웠지만 릴리와디 나무를 발견하고, 여기가 아닐까 하는 지점에 있었다. 테라스 한쪽에서는 커피 묘목이 자라나고 있었다. 커피에서 향긋한 숲 냄새가 났다.

아카아마 산티탐점
Akha Ama Coffee

WAY 마야몰에서 차로 7분
ADD 9/1 Mata Apartment, Hassadhisawee Rd. Soi 3
TEL 088-267-8014
OPEN 8:00~17:30
WEB www.akhaama.com

푸근한 할머니의 손맛

내가 한동안 머물렀던 숙소는 상당히 외진 곳에 있었다. 숙소 근처에 내 맘대로 아줌마네 식당으로 부르는 밥집이 있어서 거의 매일 갔다. 식당은 당연히 구글맵에도 나오지 않고 영어 메뉴도 없었다. 벽에 적힌 열 개쯤 되는 메뉴를 점쟁이가 된 심정으로 아무거나 손가락으로 가리키고 어떤 음식이 나올까 두근거리며 기다리곤 했다. 어느 것이나 상당히 맛좋았다. 작고 소박하지만 내 마음 속 치앙마이 최고의 식당이었다. 내가 만약 산티탐에 머물렀다면 이곳에 매일 왔겠구나 하는 생각이 들었다. 친절한 할아버지와 손맛 좋은 할머니가 운영하는 식당에서 나는 좋아하는 뿌빳퐁커리를 혼자서 한 접시 다 먹고 싶다는 돼지의 소원을 풀었다. 계산을 하는데 할머니는 맛있었냐고 묻고 웃으며 또 오라고 말했다. 태국어였지만 어쩐지 나는 바로 알아들을 수 있었다. 다정한 친절은 통역이 필요 없다.

앤트 아오이 키친
Aunt Aoy kitchen

WAY 마야몰에시 치로 5분, 도보 15분
ADD Kradunkga Rd. Santitham
TEL 084-915-8245
OPEN 10:00~19:00
CLOSE 월요일

여행하는 시장

시장에는 맛있는 반찬 가게가 많고 저렴한데다 싱싱하고 좋은 채소와 과일이 가득했다. 기분 좋은 북적임과 활기가 넘쳤다. 시장에 간다는 건 내가 여행하고 있다는 얘기다. 내 일상 속에서 시장은 멀다. 이토록 즐거운 것을 하지 않는 일상.

타닌 시장 창푸악 라자밧 대학 근처
Thanin Market Chang phueak Rd.
6:00~20:00

이른 아침의 햇살, 산책, 미뤄두었던 책 읽기, 휴대폰 보지 않기, 해봐야 소용없는 걱정 않기, 그리고 시장 가기. 일상에는 없는, 여행지에서 내게 주는 선물. 우선은 땡모반을 사서 입에 물고 갓 쪄내 김이 폴폴 나는 찐빵을 사먹었다. 물론 쏨땀과 망고도 살 작정이다. 시장은, 내게 여행이다.

여행지의 추억을 담은 선물

이런 건 왜 샀지, 라는 생각이 드는 물건도 있지만 샀을 때의 기억을 떠올리면 모두 사랑스러운 기분이 든다.

지버리시에서 산 집 모양 나무 조각품, 역시 지버리시에서 구입한 나무 도토리와 박스에 정성스럽게 담아주었던 에나멜 브로치, 피앙포에게 선물 받은 이너프 포 라이프의 비누, 이너프 포 라이프 숍에서 구입한 나무 스푼과 플라밍고 카드.

1 2₂ 3
     4
5 6⁶ 7 8 ₉
10 11 12 13 14₁₄

1 란 라오에서 산 예쁜 책 2 이너프 포 라이프 숍에서 산 드리퍼와 스퀴저 3 지버리시에서 산 에나멜 토끼 브로치 4 반롬사이 아이들의 그림으로 만든 고양이 마그네틱 5 지버리시에서 산 접시 6 선데이 마켓에서 산 코끼리 인형과 마그네틱 7 페이퍼스푼 핸드룸에서 산 아기용 원피스 8 반 오라푼에서 산 티코스터 9 선데이마켓에서 산 나무 허니디퍼와 스퀴저 10 플레이웍스의 에코백 11 와로롯 시장에서 산 법랑 찬합 12 선데이 마켓에서 산 스카프 13 비앵줌온 티하우스에서 산 차 14 이너프 포 라이프 숍에서 산 빈티지 유리컵

치앙마이 여행법

치앙마이는 어떤 곳?

치앙마이는 태국 북부 지역에 위치한 태국 제 2의 도시, '북방의 장미'라는 화려한 별명을 가지고 있다. 일 년 내내 청량한 기후를 유지하고, 북쪽으로 국경을 마주하고 있는 라오스의 영향으로 방콕과는 사뭇 다른 독특한 분위기를 간직하고 있기 때문이다.

치앙마이는 과거 태국 북부의 문화 중심지였던 란나 타이Lanna Thai 왕국의 수도였다. 란나 왕국은 울창한 숲과 강, 비옥한 토양으로 둘러싸여 농업에 적합한 지역이었던 탓에 수차례 외세의 침략을 받았다. 치앙샌에서 팡으로 그리고 치앙라이로, 또 람푼에서 위앙꿈깐으로 수도를 옮기다 1296년 맹라이왕은 새로운 도시의 이름을 치앙마이로 짓게 된다. '치앙'은 왕국을 의미하며 '마이'는 새롭다는 뜻으로, 란나 왕국의 신도시를 의미한다. 이후 치앙마이는 끊임없이 주변국들의 침략에 시달리다 1557년에 버마의 속국이 되었지만 1774년 시암 왕국의 도움으로 버마로부터 독립, 1892년 부분적으로 시암의 지배를 받게 되었으며 1932년 치앙마이 전체 지역이 시암에 귀속됐다. 그리고 1949년 시암은 태국이라는 공식적인 국호를 지정하게 된다. 슬픈 침략의 역사 덕에 구시가지는 아직도 성곽과 해자로 둘러싸여 독특한 분위기를 자아내고 골목골목에 남아있는 사원들은 사람들의 일상과 자연스럽게 어우러진다. 여기에 최근 치앙마이 대학교 출신의 젊은 예술인들이 갤러리를 열고 각종 전시회에 참여하며 도시에 예술적인 분위기를 더하고 있다.

태국 제 2의 도시지만 규모가 웅대하거나 소란스럽지 않다. 오히려 소박하면서 빈티지한 느낌을 간직하고 있다. 우리나라보다 여섯 배나 빨리 자라는 나무들은 도심에서도 울창한 숲을 이루고, 자연과 어우러진 근사한 공간에서는 직접 기른 채소로 음식을 내는 유기농 식당이나 직접 만든 작품을 판매하는 공방들이 자리 잡고 있다. 자연과 예술 속에 소박하고 충족한 삶이 있는 곳, 그곳이 바로 치앙마이다.

치앙마이의 날씨

북부의 고산지대에 위치한 치앙마이의 연평균 기온은 27도 정도로, 동남아시아의 다른 여행지에 비해 선선한 편이다. 특히 건기인 11~2월에는 낮 기온이 30도를 넘지 않고 밤 기온은 10도까지 내려가 여행하기 좋은 시기로 꼽힌다. 하지만 2월에는 화전으로 인한 스모그 현상이 심하니 주의가 필요하다. 3~5월에는 다른 시즌에 비해 더운 날씨가 이어지다, 6월에 우기가 시작되지만 하루 종일 비가 내리는 것이 아니라 단시간에 많은 양의 비가 온 뒤 갠다.

치앙마이 어떻게 갈까

인천에서 치앙마이까지의 직항은 대한항공과 제주항공이 운행되며, 방콕을 경유해 치앙마이로 가는 항공편을 이용하거나 방콕에서 육로로 치앙마이로 가는 방법이 있다.

방콕에서 비행기로 이동하기
녹에어, 타이라이언에어, 방콕에어웨이, 타이스마일항공 등의 국내선 전용 항공을 이용하여 치앙마이로 이동한다. 비행 시간은 약 1시간 15분 소요.

방콕에서 야간열차로 이동하기
방콕 후알람퐁역에서 치앙마이까지 약 14시간이 걸리며 침대칸을 이용한 야간열차로 치앙마이까지 이동할 수 있다. 버스보다 이동 시간이 더 길지만 숙박비를 아끼고 태국 북부라인의 경치와 야간열차의 낭만을 즐기려는 여행자들에게 인기. 기차역에서 예매가 가능하며 방콕 카오산로드 및 시내 여행사에서 대행해주기도 한다. 치앙마이 기차역은 핑강 건너편으로 약 2km 떨어진 곳에 위치한다. 역 앞에서 대기 중인 썽태우나 택시로 시내로 이동할 수 있다.

방콕에서 버스로 이동하기
방콕 북부터미널에서 치앙마이로 출발하는 버스가 있다. 간단한 식사와 음료가 제공되는 니콘차이버스와 일반버스가 운행 중이며 약 10시간 소요된다.

공항에서 시내 가기

공항 출구 정면에 있는 매표소에서 행선지를 말하고 표를 받은 뒤 공항 청사 왼쪽으로 나오면 택시 타는 곳이 있다. 목적지를 말하면 택시를 배정해주는데 구시가지의 경우 요금은 160바트. 툭툭이나 썽태우를 이용할 경우 공항 청사 밖으로 나와서 타는데 요금은 100바트 내외. 픽업서비스를 제공하는 호텔도 있으니 호텔을 예약할 때 확인할 것.

치앙마이 대중교통

썽태우
치앙마이에서 가장 흔히 이용하는 교통수단은 바로 썽태우다. 트럭을 개조하여 만든 차량으로 정해진 노선 없이 첫 손님이 가고자 하는 방향으로 운행하면서 중간에 비슷한 방향으로 가는 손님을 태우는 방식이다. 내릴 때는 썽태우 안에 있는 벨을 누르거나 기사가 알려주기도 한다. 요금은 기본 30바트지만 거리가 멀 경우 흥정으로 결정한다.

툭툭
오토바이를 개조해 만든 바퀴가 세 개 달린 차량으로, 따로 문이나 창문이 없이 열린 구조이기 때문에 매연에 취약한 것이 단점이지만 여행자의 기분을 느끼고 싶다면 추천한다. 가격은 흥정으로 정해진다.

택시
스마트폰 애플리케이션으로 승객과 차량을 이어주는 서비스인 그랩(Grab) 택시는 말이 통하지 않아도 정확한 위치까지 갈 수 있고, 썽태우나 툭툭이 잘 지나다니지 않는 외곽 지역까지 이동할 수 있는 것이 장점이다.

치앙마이의 맛

01

02

03

04

05

06

01
쏨땀
고추, 마늘, 라임, 땅콩, 피시소스를 절구에 빻아 채 썬 파파야에 버무린 새콤달콤한 태국식 샐러드.

02
깽항래
타마린드, 땅콩, 생강 등이 들어간 커리 페이스트를 돼지고기 삼겹살에 버무려 끓여낸 버마식 카레.

03
팟끄라빠오무삽
다진 돼지고기와 태국 바질을 매콤하게 볶아 쌀밥과 함께 먹는다. 태국 식당에서 가장 쉽게 찾아볼 수 있다.

04
카오소이
코코넛밀크가 든 커리를 에그누들에 부어낸 북부 지역의 대표적인 국수. 바삭하게 튀긴 면을 고명으로 올린다.

05
까이양
양념에 잰 닭을 숯불에 구워낸 태국식 닭구이. 간장이나 칠리소스를 찍어 먹는다.

06
깐똑
깐은 그릇, 똑은 밥상을 뜻하는데 동그란 상에 밥과 태국식 소세지와 남픽눔 등의 소스와 여러 반찬을 낸다.

07
카우니여우마무앙
망고와 찰밥에 코코넛밀크를 뿌려 먹는 디저트. 찰밥의 식감과 망고의 달콤함이 어우러진 근사한 맛.

08
로띠
쫄깃한 반죽을 얇게 펴 구워낸 뒤 연유나 설탕, 바나나 등의 다양한 토핑을 얹어 먹는 디저트.

09
길거리 음식
먹거리 천국인 태국의 길거리 음식 중에서도 저렴한 가격에 푸짐하게 즐길 수 있는 꼬치구이가 인기.

10
꾸어이띠어우
소고기나 돼지고기를 푹 고아낸 육수에 쌀국수를 말아낸 것. 국수의 굵기와 고명을 선택할 수 있다.

11
맥주
레오 LEO, 창 Chang, 싱하 Singha 등의 로컬 브랜드 맥주는 태국 음식 맛을 돋운다.

12
과일
망고, 파파야, 잭푸르트, 망고스틴, 드래곤푸르트 등 싱싱한 열대 과일을 저렴하게 맛볼 수 있다.

쇼핑

도시와 친해지는 방법 중 하나는 시장에 가는 것이다. 시장에서 그 도시 특유의 냄새와 색채를 느낄 수 있다. 비유가 아니라 정말 냄새가 콧속으로 사정없이 달려들고 색채가 생생하다. 진정한 로컬 푸드를 맛볼 수 있고 가장 맛있고 신선한 과일을 제일 싼 값에 살 수 있다. 잘 하면 덤도 얻는다. 그리고 도시의 사람들을 볼 수 있다. 어깨를 스쳐 지나가기도 하고 흥정을 하며 마주보기도 한다. 도시의 삶을 구경하고 잠깐 흉내도 내 본다. 그렇게 도시와 인사를 나눈다.
치앙마이는 특히 다양한 시장이 많아서 좋았다. 크고 작은 재래시장과 밤을 잊고 활기 넘치는 야시장. 특히 유명한 선데이 마켓은 구경만으로도 시간 가는 줄 몰랐다. 곳곳에서 열리는 작지만 개성 있는 플리마켓을 찾아다니는 재미도 쏠쏠하다. 대도시의 쇼핑몰에 비하면 규모나 세련됨은 덜하지만 실속 있는 쇼핑몰도 속속 개장하고 있어, 치앙마이만의 색깔을 담뿍 담은 쇼핑을 즐길 수 있다.

전통시장

와로롯 시장
치앙마이에서 가장 크고 오래 된 시장. 실내 시장의 지하는 푸드코트, 1층은 치앙마이 특산물과 먹거리, 2층과 3층은 옷과 신발, 각종 생활용품을 판매한다. 노점에서는 로컬푸드와 간식, 신선한 식재료를 팔고 저녁이 되면 야식 장사로 더욱 흥성거린다. 핑강가에는 꽃가게가 줄을 잇는다.

타패 게이트에서 썽태우로 10여 분, Wichayanon Rd., 이른 새벽~늦은 밤, 실내 상점은 8:00~17:00

치앙마이 게이트 시장
새벽부터 시작되는 시장에는 다양한 음식과 식재료, 꽃을 사고파는 사람들로 활기 넘친다. 밤이면 먹거리 노점이 가득 들어서고 토요일 밤에는 새터데이 마켓이 열린다.

타패 게이트 남쪽, 왓쩻린 사원 부근, 5:00~23:00(상점마다 다름)

쏨펫 시장
와로롯보다는 작지만 현지인들이 애용하는 시장. 쿠킹 스쿨에서 마켓 투어로 들르는 곳인 쏨펫 시장은 식재료가 특히 신선하고 싸다.

타패 게이트에서 도보 6분, Moon Muang Rd., 6:00~20:00

타닌 시장
식재료를 파는 동과 식당이 모여 있는 동으로 나뉘어 있다. 맛있는 반찬 가게가 많아 근처 라자밧 대학교 학생들과 여행자들이 많이 찾는다.

창푸악 라자밧 대학 근처, Chang Phueak Rd., 8:00~19:00

야시장

선데이 마켓
일요일 오후 타패 게이트부터 왓프라싱에 이르는 길을 따라 상인들이 하나둘 노점을 펼치며 시작된다. 큰길과 이어지는 좁은 골목까지 노점과 거리 악사, 간식 리어카가 빼곡하게 들어선다. 수공예품과 의류, 액세서리 등 제품이 다양하고 가격도 저렴한 편. 특히 다양한 로컬푸드와 군것질거리는 야시장을 더욱 즐겁게 만든다.

타패 게이트와 왓프라싱 사이의 Rachadamnoen Rd., 일요일 17:00~23:00

새터데이 마켓
우아라이 로드는 평소에는 주로 은 수공예품을 파는 골목이지만 토요일 밤에는 야시장이 들어선다. 선데이 마켓보다 규모는 작지만 재미있는 물건과 먹거리가 다양해 야시장의 분위기를 만끽하는 데는 충분하다.

치앙마이 게이트 시장 맞은편 Wua Lai Rd.
토요일 17:00~22:00

나이트 바자
선데이 마켓도 새터데이 마켓도 놓쳤다면 나이트 바자가 있다. 창클란 로드를 중심으로 매일 밤 야시장이 열린다. 선데이 마켓보다 물건 가격은 비싼 편, 먹거리는 선데이 마켓을 능가할 정도로 다양하다. 칼라레 바자 북쪽 야외 푸드코트는 여행자들이 많이 찾는다.

르메리디앙 호텔 근처 Chang Klan Rd.
17:00~23:00

쇼핑몰

마야 MAYA
님만해민의 랜드마크로 자리 잡은 쇼핑몰로, 태국 로컬 브랜드와 해외 유명 브랜드가 다수 입점해 있다. 가장 인기 있는 곳은 지하에 위치한 림핑 Rimping 슈퍼마켓과 푸드코트.

님만해민 초입 싱크 파크 맞은편, 55 Moo 5 Huay Kaew Rd., 052-081-555, 10:00~22:00, www.mayashoppingcenter.com

센트럴플라자 에어포트점
Central Plaza Airport
치앙마이공항에서 차로 10여 분 거리에 있는 대형 쇼핑몰로 극장, 로빈슨 백화점, 푸드코트, 전자 상가 등이 입점해 있다. 무료 셔틀버스 운행 중.

공항에서 차로 10분, 2 Mahidol Rd., 053-999 199, 10:30~21:00(월~금), 10:00~21:30(토·일)

원님만 One Nimman
님만해민 초입에 위치한 우아한 유럽풍 건물에 꾸며진 복합 쇼핑몰. 태국 로컬 브랜드들과 라탄과 우드제품, 의류, 화장품 등의 다양한 숍과 스파와 마사지숍, 예쁜 카페와 푸드코트 등이 입점해 있다.

님만해민 초입, 1 Nimmanhaemin Road, 052-080-900, 11:00~23:00, www.onenimman.com

깟쑤언깨우 Ksd Suan Kaew
속옷 브랜드 와코루의 제품을 저렴하게 구입할 수 있어 인기. 지하에 위치한 탑스 마켓에서 태국 식재료를 구입할 수 있고, 마사지숍, 푸드코트, 키즈 카페 등 다양한 편의시설을 즐길 수 있다.

마야 쇼핑몰에서 도보 10분, 99/4 Huay Kaew Rd., 053-224-444

숙소

아침에 눈을 뜨면 매번 낯선 풍경에 당황하다가 가만히 누워 내가 여행자라는 것을 인지하기까지의 아주 짧고도 신선한 시간. 바삭한 시트, 햇볕 냄새가 나는 베개, 조용히 아침이 스며드는 창. 여행을 즐겁게 하는 건 거창한 것이 아니라 이 작고 사소한 것들이다.

치앙마이에는 하룻밤 5천 원 남짓한 게스트하우스부터 고급 리조트 호텔까지, 다양한 숙소가 있다. 전통 가옥이 남아있는 구시가의 골목골목에는 현지인들의 집과 작은 식당과 카페 사이로 아담하고 쾌적한 숙소들이 이웃한다. 도미토리형 게스트하우스부터 리조트 호텔까지 거의 모든 형태의 숙소가 있어 선택의 폭이 넓다. 님만해민은 다른 지역에 비해 다소 비싸긴 하지만 새로 지어진 깨끗하고 세련된 숙소들이 많다. 예술적인 감성과 개성을 살린 부티크형 숙소가 많은 것도 특징. 산티탐은 게스트하우스와 저렴한 숙소가 많아 장기 여행자들이 선호하는 지역이다. 아기자기한 카페와 전망 좋은 레스토랑이 많은 핑강 유역은 요즘 떠오르고 있는 지역으로, 느낌 좋은 호텔이 들어서고 있다. 도심에서 조금 떨어진 곳의 숙소들은 교통은 다소 불편하지만 초록 숲과 조용히 여유를 즐길 수 있다.

게스트하우스&실속 호텔

구시가
호스텔 바이 베드 hostelbybed.com
더심플리룸치앙마이 빈티지 호텔 www.simplyroomvintagecnx.com
치앙만 레지던스 chiangmaanresidence.blogspot.com
스리 시스 베드&블랙퍼스트 http://the3sis.com
그린타이거 하우스 호텔 www.greentigerhouse.com
호텔 데스 아티스트 삥 실루엣 www.hotelartists.com/pingsilhouette

님만해민
아르텔 님만 호텔 www.facebook.com/TheArtelNimman
더 크래프트 님만 호텔 www.thecraftnimman.com
베드 님만 호텔 bed.co.th
차이요 호텔 www.ChiangMaichaiyohotel.com
찰나트 호텔 www.facebook.com/chalnatthotel

고급 리조트

구시가
라차만카 호텔 www.rachamankha.com
아난타라 치앙마이 리조트 chiang-mai.anantara.com
살라 란나 www.salaresorts.com
라린진다 웰니스 스파 리조트 www.rarinjinda.com

님만해민
시리암빤 부티크 리조트&스파 www.sireeampan.com
아키라 매너 호텔 www.theakyra.com/chiang-mai

도심 근교 숙소

호시하나 빌리지 hoshihana-village.org
이너프 포 라이프 www.enoughforlife.com
베란다 치앙마이-하이 리조트 www.verandaresortandspa.com/verandaChiangMai
포시즌스 리조트 치앙마이 www.fourseasons.com/Chiang Mai
플로라 크리크 치앙마이 floracreekchiangmai.com

치앙마이 반할지도

ⓒ최상희·최민 2019

초판 1쇄 2017년 4월 17일
재판 1쇄 2019년 8월 15일

지은이	최상희·최민
디자인하고 펴낸이	최민
펴낸곳	해변에서랄랄라
일러스트	엘
출판등록	2015년 7월 27일 제406-2015-000098호
주소	경기도 파주시 가온로 205
문의	031-946-0320(전화), 031-946-0321(팩스)
전자우편	lalalabeach@naver.com
블로그	blog.naver.com/lalalabeach
인스타그램	@lalalabeach_
ISBN	979-11-955923-2-6

이 책의 모든 내용 및 사진, 일러스트는 저작권법에 의해 보호 받으며,
별도의 허가 없이 사용할 수 없습니다.